FACULTÉ DE DROIT DE PARIS

DES EFFETS
DE
L'ADOPTION ET DE L'ADROGATION
EN DROIT ROMAIN

DU NOM COMMERCIAL
EN DROIT FRANÇAIS

THÈSE POUR LE DOCTORAT

L'ACTE PUBLIC SUR LES MATIÈRES CI-APRÈS SERA SOUTENU
Le Mercredi 9 mai 1883, à midi

PAR

Louis DESHAYES DE MERVILLE

Président : M. DESJARDINS

SUFFRAGANTS : MM. RATAUD, GÉRARDIN — Professeurs ; CASSIN, MICHEL (Henri) — Agrégés

---

PARIS
LIBRAIRIE NOUVELLE DE DROIT ET DE JURISPRUDENCE
ARTHUR ROUSSEAU, ÉDITEUR
14, RUE SOUFFLOT, ET RUE TOULLIER, 13

1883

THÈSE

POUR LE DOCTORAT

Châteauroux. — Typ. et Stéréotyp. A Majesté

FACULTÉ DE DROIT DE PARIS

DES EFFETS

DE

L'ADOPTION ET DE L'ADROGATION

EN DROIT ROMAIN

DU NOM COMMERCIAL

EN DROIT FRANÇAIS

THÈSE POUR LE DOCTORAT

L'ACTE PUBLIC SUR LES MATIÈRES CI-APRÈS SERA SOUTENU

Le Mercredi 9 mai 1883, à midi

PAR

Louis DESHAYES DE MERVILLE

Président : M. DESJARDINS

SUFFRAGANTS :	MM. RATAUD		Professeurs
	GÉRARDIN		
	CASSIN		Agrégés
	MICHEL (Henri)		

PARIS

LIBRAIRIE NOUVELLE DE DROIT ET DE JURISPRUDENCE

ARTHUR ROUSSEAU, ÉDITEUR

14, RUE SOUFFLOT, ET RUE TOULLIER, 13

1883

A LA MÉMOIRE DE MON PÈRE

A MA MÈRE

A MA GRAND'MÈRE

DROIT ROMAIN

DES EFFETS

DE

L'ADOPTION ET DE L'ADROGATION

Nous nous ferions une idée fausse de l'adoption en droit romain si nous voulions l'apprécier avec nos idées modernes.

Les Romains eurent de la famille une conception toute différente de la notre, c'est ce qui explique le grand rôle que l'adoption joua dans l'ancienne Rome et le peu d'importance qu'elle a conservé dans notre législation.

Sont nos parents ceux qui nous sont unis par les liens du sang et nous n'en connaissons pas d'autres : pour le Romain ce qui unit entre eux les membres de la famille c'est la religion du foyer, c'est le culte des ancêtres.

L'importance que cette institution prit à Rome vient de ce qu'elle servait des intérêts politiques et religieux que nous ne connaissons plus. Par elle un nom illustre se perpétuera à travers les siècles ; des dieux domestiques longtemps révérés verront leur culte préservé de l'abandon.

« Seul en effet le fils avait le devoir de faire les libations et les sacrifices aux mânes de son père et de tous ses aïeux.

» Le père seul interprète et seul pontife de sa religion avait seul le pouvoir de l'enseigner et ne pouvait l'enseigner qu'à son fils [1]. »

Par l'adoption l'homme perpétue son nom, sa famille, son culte ; sa personne physique mourra mais sa personnalité politique et religieuse ne mourra pas [2].

« Ainsi s'explique le fréquent usage de l'adoption dans une cité aristocratique et conservatrice, avide de perpétuer avec ses grands noms, les traditions politiques et religieuses qui s'y rattachent [3]. »

L'adoption répondait en outre à des calculs politiques ; à l'origine les hautes charges de la cité étaient interdites aux plébéiens : par l'adoption on pouvait, tout en respectant les privilèges des patriciens, élever aux plus grandes situations des citoyens qui, nés dans une condition modeste, devaient par leurs talents honorer leur patrie et la servir utilement.

Mais pour que cette institution pût ainsi se développer, il fallait une famille telle que les premiers Romains la comprirent tout d'abord : quand la famille reposera sur les liens naturels, sur les rapports de parenté, l'adoption diminuera d'importance, et c'est ce que nous rencontrons dans le droit romain lui-même.

Sous l'influence de changements dans les mœurs,

1. M. Fustel de Coulanges, *La cité antique*.
Cicéron, *Pro domo*.
3. M. Accarias, *Précis de droit Romain*, I, nº 102.

sous les efforts du préteur, nous voyons la famille civile se désagréger peu à peu, pour faire place enfin à la famille naturelle qui prend alors aux yeux du législateur la situation qui aurait toujours dû lui appartenir.

De l'adoption nous n'étudierons que les effets et les prenant dans le droit classique, nous les suivrons jusqu'à la réforme de Justinien.

CHAPITRE PREMIER

EFFETS COMMUNS A L'ADOPTION ET A L'ADROGATION.

Qu'il s'agisse d'adoption ou d'adrogation, leurs effets se résument en ceci : l'adopté passe sous la puissance de l'adoptant au même titre qu'un descendant issu d'un mariage légitime [1].

Deux idées sont contenues dans cette formule :

1° L'adopté entre dans la famille de l'adoptant.

2° L'adopté sort de sa famille originaire et y perd les droits qu'il acquiert dans celle de l'adoptant.

Cette formule cependant ne doit pas être prise dans un sens trop absolu : l'adoption d'une part n'efface pas tous les effets de la filiation naturelle ; d'autre part certains effets de la filiation ne résultent pas de l'adoption.

Nous étudierons donc séparément :

1° La situation de l'adopté dans la famille adoptive et les différences entre les effets de la filiation légitime et de la filiation naturelle.

2° Les rapports subsistant entre l'adopté et sa famille naturelle.

1. Institutes, I, 11, § 8, *De adopt.*

SECTION I

Situation de l'adopté dans la famille adoptive.

I

L'adoption fait passer l'adopté sous la puissance de l'adoptant, il entre dans cette famille et y prend la situation d'un enfant issu d'une union légitime ; mais ne pouvant appartenir à la fois à deux familles il perd les droits qu'il avait dans celle qu'il vient de quitter.

L'adopté devient l'agnat des agnats de l'adoptant ; il leur est uni par le double lien de l'agnation et de la cognation, mais aucun lien ne le rattache aux simples cognats de l'adoptant, car de l'adoption ne résulte qu'une parenté civile [1].

La cognation résultant de l'agnation disparaît avec elle : si le père adoptif émancipe l'adopté celui-ci perd par rapport à toute la famille adoptive le double lien de l'agnation et de la cognation [2]. Pour la véritable cognation au contraire elle survit à la perte de l'agnation résultant d'une *capitis deminutio* [3] : si donc le père naturel donne son fils en adoption, ce fils perd l'agnation avec son père et ses agnats mais le lien de la cognation continue à l'unir aux mêmes personnes qu'auparavant.

Cette différence tient à ce que la cognation est de droit naturel et l'agnation de droit civil : en vertu du

1. L. 7, Dig. *De in jus vocando*, II, 4. — L. 1, § 4, Dig. *Unde cognati*, XXXVIII, 8.

2. L. 1, § 4. L. 3. Dig. *Unde cognati*, XXXVIII, 8.

3. Gaius, I, § 158. — Inst. I, 16, § 6. *De cap. dem.* — L. § 10 Dig. *De gradibus et affinibus* XXXVIII, 10.

droit civil, l'agnation peut être effacée mais non la cognation [1].

De cette aggrégation à une famille nouvelle les jurisconsultes romains déduisirent des conséquences nombreuses.

Tous les membres de la famille portent le même nom : l'adopté prendra le nom de l'adoptant auquel il ajoutera le sien, légèrement modifié par la terminaison *ianus*.

Le fils de Paul-Émile adopté par Scipion s'appellera dès lors Scipio Æmilianus.

L'adopté acquérait le rang du père adoptif ; mais, si, au contraire, le père adoptif était dans une situation inférieure à celle de l'adopté, celui-ci ne perdait pas sa condition première. « Per adoptionem dignitas non minuitur sed augetur [2]. »

On peut croire cependant qu'il n'en avait pas toujours été ainsi, et qu'à l'origine, de même que le plébéien adopté par un sénateur, devenait fils de sénateur, de même le patricien adopté par un plébéien devenait plébéien. Nous savons en effet que Clodius, de famille patricienne, se fit adopter par le plébéien Fonteius pour devenir lui-même plébéien, et qu'il le devint en effet, bien qu'il eût été émancipé aussitôt après l'adoption [3].

Le plébéien devenu par adoption fils de sénateur jouissait de tous les honneurs et privilèges accordés aux fils des sénateurs : s'il se rendait coupable d'un crime, il échappait aux châtiments réservés aux plébéiens, et

1. L. 8. Dig. *De reg. juris*, L. 17.
2. L. 35, Dig. *De adopt.*, l. 7. — LL. 5, 6, 10 Dig., *De sénat.*, l. 9.
3. Cicéron, *Pro domo*.

il ne pouvait être puni que comme l'aurait été un patricien.

Ces privilèges s'évanouissaient si ce plébéien perdait, par sa faute, la situation que lui avait conférée l'adoption [1].

L'adopté acquérait en outre la patrie de l'adoptant sans pour cela perdre la sienne, il devenait ainsi, en deux endroits, habile aux honneurs municipaux et soumis aux charges des citoyens [2]. Ceci fut établi pour déjouer les combinaisons frauduleuses de ceux qui ne se donnaient en adoption que pour se soustraire aux charges de leur pays natal.

Entrant dans une nouvelle famille, l'adopté n'en prenait pas seulement le nom et la patrie, mais encore renonçant au culte de ses pères, *amissis sacris paternis*, il passait au culte de la famille adoptive. On disait de lui : *In sacra transiit.*

Cette initiation au culte était chose importante ; par elle le nouveau venu était admis au foyer et associé à la religion domestique. Dieux, objets sacrés, rites, prières, tout lui devenait commun avec son père adoptif.

« Adopter un fils, c'était donc veiller à la perpétuité de la religion domestique, au salut du foyer, à la continuation des offrandes funèbres, au repos des mânes des ancêtres [3]. »

La puissance paternelle qu'acquérait l'adoptant ne se bornait pas à l'adopté, et si, postérieurement à l'adop-

1. L. 9, §§ 11 et 13. L. 43 § 1. Dig. *De Pœnis*, XLVIII, 19.

2. L. 1, pr. L. 15, § 3. Dig. *Ad municip.* L., 1. — L. 7, C. *De adopt.*, VIII, 48.

3. M. Fustel de Coulanges, *La Cité antique.*

tion, il naissait à l'adopté des enfants dont la conception était aussi postérieure à l'adoption, ces enfants étaient placés sous la puissance du père adoptif.

Les rapports de parenté résultant de l'adoption n'étaient pas restreints à l'adoptant et à l'adopté : celui-ci, assimilé à l'enfant issu de légitime mariage, acquérait civilement le titre de fils ou de petit-fils de l'adoptant [1]; il devenait ainsi le frère des enfants, l'oncle des petits-enfants de son père adoptif.

Si l'adopté était entré dans la famille comme petit-fils, il fallait distinguer si c'était *quasi ex certo natus* ou *quasi ex incerto natus:* dans ce dernier cas, à la mort de l'adoptant, il devenait *sui juris.* Si au contraire il avait été adopté comme petit-fils *ex certo natus*, il était considéré comme étant réellement l'enfant du fils qui lui avait été assigné pour père, et à la mort de l'adoptant, au lieu de devenir *sui juris*, il restait en puissance.

L'adoptant, il convient de le faire remarquer, ne pouvait imposer cette paternité à un de ses fils sans son consentement [2].

Tant que subsistait l'adoption, le père adoptif ne pouvait être appelé en justice par son fils adoptif et cette règle était établie « jure magis potestatis quam præcepto prætoris ». En effet, tout ce qu'acquérait le fils de famille devenait la propriété du père de famille et le fils ne pouvant avoir aucun patrimoine, les procès n'étaient pas possibles. L'introduction des pécules vint modifier cette règle [3].

1. L. 43, Dig. *De adopt* I, 7. — Instit. I, 11, § 8. *De adopt.*
2. Institutes, I. 11, § 7. *De adopt.*
3. L. 8 pr. Dig. *De in jus voc.*, II, 4 ; — L. 4, Dig. *De judiciis*, V, 1.

Les procès et les contestations devenant possibles entre le père et le fils, la prohibition fut levée, mais même alors, pour appeler le père en justice, il fallait la permission du magistrat qui ne l'accordait que *causa cognita*.

Cela n'existait qu'autant que l'adopté restait dans la famille adoptive : au contraire la même loi 8, *De in jus voc.*, nous dit que, à l'égard du père naturel, l'enfant donné en adoption ne pouvait l'appeler en justice : « Sed naturalem parentem nequidem dum est in adoptiva familia in jus vocari. »

Étant donné la situation de l'adopté dans la famille adoptive, et son assimilation à un enfant issu d'une union légitime, l'adoption créait des empêchements au mariage.

En ligne directe, le mariage était prohibé à l'infini, et cette prohibition subsistait même après la dissolution de l'adoption [1]. Dans la ligne collatérale, la prohibition était restreinte et n'existait qu'entre parents dont l'un au moins se trouvait au premier degré de l'auteur commun, mais l'empêchement disparaissait avec l'adoption [2].

Les règles établies par les lois 14, pr. et 17 pr. *De ritu nupt.*, et la loi 23 *De adopt.*, peuvent sembler singulières : nous y trouvons en effet une prohibition de mariage perpétuelle et survivant à l'adoption, entre l'adopté d'une part, et la mère ou l'épouse de l'adoptant d'autre part bien que, civilement même, ces personnes aient toujours été étrangères l'une à l'autre :

1. Instit. I, 10, § 1 *De nupt.* — L. 14, pr. Dig. *De ritu nupt.*, XXIII, 2. L. 23, Dig. *De adopt.*, I, 7.

2. L. 17, pr., Dig. *De ritu nupt.*, XXIII, 2.

avec la sœur adoptive au contraire la prohibition ne dure qu'aussi longtemps que subsiste l'adoption : elle cesse avec elle, ou encore par la sortie de la sœur adoptive de la famille : et cependant cette sœur adoptive a été l'agnate de l'adopté.

La raison de cette différence se trouve dans des motifs de moralité et de convenance.

L'épouse du père adoptif, bien qu'elle ne soit ni parente ni alliée de l'adopté, tient la place d'une belle-mère : novercæ locum habet [1] elle doit donc être considérée comme telle, c'est-à-dire comme une mère. « Novercæ locum habet id est quasi noverca est et quasi mater igitur [2]. »

Dans ces conditions, il était impossible d'autoriser l'enfant adoptif émancipé à prendre pour épouse celle qui avait été la femme de son père adoptif. Il faut remarquer que la loi 12. pr. Dig. *De ritu nuptiarum* ne contredit pas cette solution : en effet cette épouse répudiée n'a jamais pu être considérée comme la belle-mère de son second mari qui a été adopté postérieurement à la répudiation.

Les mêmes raisons existent pour expliquer la prohibition de mariage entre la mère de l'adoptant et l'adopté : bien qu'étrangère à l'adopté, elle peut être considérée comme aïeule.

D'après ces règles, je pourrai donc épouser ma sœur adoptive lorsque le lien d'agnation qui nous unissait aura été brisé par son émancipation ou par la mienne.

C'est en se fondant sur ces principes que les Romains admettaient qu'une personne pouvait adop-

1. L. 14, pr. Dig. *De ritu nupt.*, XXIII, 2.
2. Cujas, *ad* L. 14, pr. *De ritu*, V. c, 546.

ter sa bru en ayant soin d'émanciper d'abord son fils, et réciproquement.

Mais une controverse s'est élevée sur la question suivante. La bru a été adoptée sans que l'émancipation préalable du fils ait eu lieu, ou réciproquement; c'est le gendre qui a été adopté et la fille n'a pas été émancipée. Quel sera l'effet de cette adoption? Est-elle valable et faut-il considérer le mariage comme dissous ou bien ne vaut-il pas mieux dire que le mariage subsistant, l'adoption est nulle?

Certains auteurs ont admis la nullité de l'adoption en s'appuyant sur le texte des Institutes[1]. « Si quis generum adoptare velit, debere eum ante filiam emancipare, et si quis velit nurum adoptare debere eum ante filium emancipare. »

Justinien disent-ils trace la marche à suivre et avant d'adopter le gendre ou la bru, il faut d'abord, et sous peine de nullité, émanciper le fils ou la fille : de plus, ajoutent-ils, on ne peut admettre que, par le fait d'une adoption un père puisse rompre le mariage de son enfant.

Quoiqu'il en soit des raisons sur lesquelles repose ce système, il vaut mieux, selon nous, admettre la dissolution du mariage.

Le premier système exagère la portée de la règle établie par Justinien, c'est plutôt un conseil qu'il donne, qu'une règle absolue.

Gaius traitant la même question ne se sert que de l'expression *suadetur*[2] et ne paraît pas établir

1. Instit., I, 10. § 2. *De nuptiis.*

2. L. 17, § 1, Dig., *De ritu nupt.*, XXIII, 2.

une règle qu'il faille observer sous peine de nullité de l'adoption.

De plus Tryphoninus [1] nous dit formellement que c'est le mariage qui est dissous, et que l'adoption est valable. Examinant une hypothèse donnée, cet auteur se demande si le mariage doit être dissous comme au cas où on adopte son gendre : « an peremenlur nuptiæ ut in genere adoptato ». Et cette solution se comprend, car en consentant à l'adoption à laquelle il pouvait s'opposer, l'adopté, ne pouvant avoir voulu commettre un inceste non plus que faire un acte nul, doit avoir eu l'intention de divorcer.

Pour établir ce système une raison avait encore été donnée. On avait dit que le père, conservant la plénitude de sa puissance paternelle sur son enfant marié pouvait dissoudre son mariage : et qu'il manifestait sa volonté de le faire en adoptant le conjoint de son enfant sans émanciper préalablement cet enfant. Par suite de cette volonté paternelle, le mariage était dissous et l'adoption était valable sans qu'il y eût pour cela un inceste.

Mais si cet argument fut valable aux temps primitifs, il perdit toute force à une époque bien antérieure à Justinien.

Antonin le Pieux, d'après Paul [2], Marc-Aurèle, d'après le Code [3], supprimèrent cette conséquence exorbitante de la puissance paternelle. Le père ne conservait ce droit que dans certains cas exceptionnels : *ex justa et magna causa*, L. 5.

1. L. 67, § 3 Dig., *De ritu nupt.*, XXIII, 2.
2. Paul *Sentent*. V. 6. § 15.
3. L. 5. C. *De repudiis*, V. 17.

Les effets de l'adoption n'étaient pas restreints à la situation faite à l'adopté dans sa nouvelle famille ; ils se manifestaient aussi quant aux biens.

Nous savons que, dans l'ancien droit, les acquisitions du fils de famille profitaient à son père, et cela était exact, qu'il s'agisse du père naturel ou du père adoptif. Cet état de chose fut profondément modifié par l'établissement des pécules.

Il avait toujours été admis que le père pouvait confier à son fils des sommes d'argent ou des marchandises, pour les faire valoir, mais ce que gagnait le fils comme ce que gagnait l'esclave devenait la propriété du père dont ils n'étaient que les agents : il en était de même de ce qu'acquérait le fils par quelque moyen que ce fût. Une réaction s'opéra et on reconnut au fils le droit de devenir propriétaire.

On lui reconnut d'abord la propriété du pécule castrense : il se composait des biens acquis comme soldat et qui n'auraient pu l'être autrement [1].

La constitution de ce pécule paraît remonter à l'époque d'Auguste et ce fut vraisemblablement une pensée politique qui détermina l'empereur à cette disposition.

De son vivant, le fils de famille pouvait disposer librement de ce pécule, et les textes nous disent qu'il avait sur lui les droits d'un père de famille [2].

Propriétaire d'un pécule castrense et donné en adoption, le fils entrait avec son pécule dans la famille adoptive et l'adoptant n'avait aucun droit sur ce pécule.

1. L. 11 Dig. *De castr. pec.* XLIX. 17.
2. L. 4 Dig. *De Judiciis*, V, 1. — L. 2 Dig. *De s. c. t. Maced.*, XIV. 6.

Mais cette assimilation du pécule castrense à un véritable patrimoine n'était exacte que pendant la vie du fils ; à sa mort, il ne laissait pas d'hérédité et ses biens retournaient au père *non jure successionis sed jure peculii*.

Cependant, dès l'époque d'Auguste il fut permis au fils de disposer des biens de son pécule castrense par testament, tout le temps qu'il restait au service, il perdait ce droit en prenant son congé définitif [1].

Plus tard, sous Adrien, on accorda à tous le droit de tester *de castrensi peculio* : le fils faisant un testament laisse donc une véritable hérédité et l'institué même, si c'est son père, recueille les biens *jure hereditario* : mais, à cette époque encore, il ne pouvait laisser une succession ab intestat et, mourant sans testament, les biens composant le pecule castrense du fils retournaient au père *jure peculii* [2].

Ces droits éventuels du père sur le pécule castrense appartenaient au père adoptif comme au père naturel.

Il faut remarquer que si le fils propriétaire d'un pécule castrense, antérieurement à son entrée dans la famille adoptive avait disposé par testament de ce pécule, la *capitis deminutio* qu'il subit n'empêchait pas le testament de produire son effet. C'est là le résultat pratique admis mais les raisons qu'on en donne sont différentes. Ulpien nous dit que la *capitis deminutio* de ce testateur ne rend pas son testament *irritum* [3].

1. Instit. II. 12 pr. *Quibus non est permis.*
2. L. 2, Dig. *De Castr. pec.* XLIX, 17.
3. L. 6 § 13 Dig. *De injust. rupt.* XXVIII. 3.

Marcien au contraire admet bien que ce testament devient *irritum*, mais qu'il revit aussitôt, « quasi ex novâ voluntate [1] ».

Les Institutes confirment ce résultat, mais paraissent admettre à la fois les deux motifs, ce qui peut sembler singulier [2].

Sous Justinien [3], l'assimilation entre le pécule castrense et un patrimoine devint complète : que le fils fasse ou non un testament, il laisse une hérédité : les ascendants ne recueillent plus les biens du pécule qu'après les enfants et les frères, et c'est alors comme une succession ordinaire et non plus *jure peculii*.

Ce texte nous dit que les ascendants recueilleront ces biens *jure communi*. Certains auteurs, s'appuyant sur la paraphrase de Théophile, ont soutenu que cette expression signifiait *jure peculii*, mais cela n'a pas été admis. Les résultats obtenus par ce système seraient trop bizarres : le fils de famille a-t-il des enfants ou des frères, il laisse une succession légitime, sinon ses biens sont recueillis *jure peculii*. Au surplus la novelle CXVIII qui refondit le système des successions légitimes s'applique sans nul doute aux *bona castrensia* et dès lors la difficulté soulevée par ce texte disparaît.

Postérieurement au pécule castrense fut établi le pécule quasi castrense ; il date du règne de l'empereur Constantin et fut ainsi nommé à cause de sa ressemblance avec le premier. Ce pécule comprend lui

1. L. 22, Dig. *De test. mil.* XXIX. 1.
2. Instit. II, 11. § 5 *De mil. test.*
3. Instit. II, 12, pr. *Quibus non est permis.*

aussi des biens acquis par le fils de famille, mais ces biens, au lieu d'être acquis dans les camps, l'étaient à la cour ou dans des fonctions civiles [1].

Les règles de ce pécule étaient à peu près les mêmes que celles qui régissaient le pécule castrense, cependant avant Justinien le fils ne pouvait en disposer par testament et toujours les biens compris dans ce pécule retournaient *jure peculii* au père soit naturel soit adoptif. Justinien [2] accorda au fils de famille le droit de disposer de ce pécule par testament, comme cela était déjà permis depuis longtemps pour le pécule castrense : la dévolution fut la même en l'absence de testament.

Le pécule castrense et le pécule quasi castrense ne pouvaient appartenir qu'à certaines classes de fils de famille, et l'idée première qui les fit établir tenait à des calculs politiques. Ce fut au contraire une idée d'équité qui fit accorder aux fils la propriété des biens adventices : il sembla injuste que le père s'enrichît aux dépens de son fils en acquérant des biens qui ne lui étaient pas destinés.

C'est sous le règne d'Adrien que nous rencontrons ces biens adventices pour la première fois [3], mais ce n'est que sous le règne de Constantin que cette institution devint régulière et générale.

On n'y comprit d'abord que les biens venant de la mère [4] ; la donnée première s'élargit par la suite jusqu'à Justinien qui fit rentrer dans les biens adven-

1. L. unic, C. *De Castr. omn. palat. pec.* XII. 31.
2. Instit. II, 11. 6 *De test. milit.*
3. L. 50, Dig. *Ad s. c. t. Trebell.* XXXVI, 1,
4. L. 1 C. *De Bonis Mat.* VI. 60.

tices, tous ceux qui ne composant pas les pécules castrense ou quasi castrense venaient au fils d'un autre que de son père [1].

De ces biens le fils n'avait que la nue propriété, la jouissance et l'administration en appartenaient au père: le fils ne pouvait en disposer ni entre-vifs ni par testament et s'il venait à mourir le père recueillait ces biens, *jure peculii.* Même sous Justinien le fils ne pouvait disposer de ces biens adventices par testament [2], mais ils font l'objet d'une véritable succession ab intestat à laquelle sont appelés les enfants du défunt, à leur défaut les frères et sœurs *ex eodem matrimonio*, puis les frères et sœurs *ex alio matrimonio,* enfin ses ascendants mâles de la ligne paternelle.

Le père adoptif avait sur ces biens adventices les mêmes droits que le père naturel. Comme le père naturel encore, le père adoptif émancipant le fils propriétaire de ces biens est autorisé à en conserver un tiers : ceci fut modifié par Justinien qui substitua à la retenue du tiers en propriété l'usufruit de la moitié [3]. Cette faveur était accordée au père pour que, dans le but de garder l'usufruit des biens, il ne se refusât pas à émanciper son fils si cela était utile.

Quant au pécule profectice, comme il n'était que confié au fils pour qu'il le fasse valoir, les biens qui le composaient restaient la propriété du père naturel et lors de l'adoption le père adoptif n'avait aucun droit sur eux : le fils les laissait dans la famille qu'il quittait.

1. L. 6, C. *De bon. quæ liber in pot.* VI, 61.

2. Inst. II, 12 pr. *Quib. non est permiss. fac. test.*

3. Inst. II, 9, § 2. *Per quas pers. nobis adq.* — L. 6, § 3. C. *De bon. quæ liber in pot* VI, 61.

II

L'enfant adoptif entrant dans une nouvelle famille et y prenant la position d'un enfant légitime acquérait des droits de succession qu'il nous faut exposer. Nous examinerons séparément le cas où le père adoptif est mort intestat et le cas où il a laissé une succession testamentaire.

1° L'adoptant décède intestat :

Pour que l'adopté ait quelque droit dans cette succession, il faut qu'il soit héritier sien de l'adoptant [1], c'est-à-dire soumis à sa puissance immédiate et ceci se présentera s'il a été adopté comme fils ou comme petit-fils sans père désigné ou bien encore qu'ayant été adopté *quasi ex certo natus* son père soit prédécédé et qu'il soit de la sorte parvenu au rang d'héritier sien.

L'adopté vient à la succession comme les autres enfants de l'adoptant et elle lui est dévolue en vertu du droit civil. La *bonorum possessio unde liberi* en droit prétorien confirme ce droit héréditaire [2].

Pour déterminer dans cette succession les droits des enfants de l'adopté, il faut examiner le moment de leur conception. Si la conception est antérieure à l'adoption, ces enfants restent dans la famille naturelle et n'ont rien à prétendre dans la succession de celui qui a adopté leur père : si au contraire la conception est postérieure à l'adoption, ces enfants appartiennent à

1. Instit. III, 1, § 2. *De heredit. quæ ab. intest.* — Gaius III, § 2.
2. Instit. III, 1, § 9. *De hereditat. quæ ab intest.*

la nouvelle famille de leur père et ont des droits éventuels à la succession de l'adoptant. Si lors du décès de l'adoptant l'adopté est encore en vie, ses enfants n'étant pas héritiers siens n'ont rien à réclamer, mais si leur père est prédécédé[1] ou sorti de la famille adoptive ils sont héritiers siens comme l'aurait été l'adopté et viennent donc à la succession d'après le droit civil; eux aussi ont, d'après le droit prétorien, la *bonorum possessio unde liberi*.

Dans la famille adoptive comme dans la famille naturelle, le partage de la succession se fait par têtes ou par souches suivant que les héritiers sont tous au premier degré ou à des degrés différents[2].

2° L'adoptant a laissé un testament:

Ce sera de beaucoup l'hypothèse la plus fréquente, les Romains tenant à laisser une succession testamentaire. Voyons donc quelle est la situation faite à l'adopté dans cette succession.

Mais tout d'abord il est une question qui se présente: quel sera l'effet de l'adoption sur le testament déjà fait du père adoptif? Cette adoption faite, le testament restera-t-il valable ou deviendra-t-il *ruptum* et si nous admettons cette dernière solution l'adoptant aura-t-il un moyen d'y remédier?

Il faut admettre certainement que celui qui adopte voit son testament rompu *quasi agnatione heredis sui*[3]. Il en sera ainsi si l'enfant adoptif entre dans la famille comme fils ou comme petit-fils *quasi ex incerto natus*: dans ces deux cas il devient héritier sien de

1. Instit. III, 1, § 2. *De hereditat. quæ ab intest.* — Gaius III, § 2.
2. Inst. III, 1. § 6, *De hered. quæ ab intest.* — Gaius III §§ 7 et 8.
3. Inst. II, 17 § 1, *Quib. mod. testam. inf.* — Gaius II, § 138.

l'adoptant. Si au contraire il a été adopté comme petit-fils *quasi ex certo natus* le testament de l'adoptant ne devient pas *ruptum*, puisque l'adopté n'entre pas sous sa puissance comme héritier sien ; mais s'il le devient par la mort ou l'émancipation de celui qui lui avait été assigné pour père, ici encore le testament est rompu.

Cette rupture du testament résultant de l'adoption peut-elle être prévenue? La question a été très controversée.

Gaius[1] nous dit que le testament de celui qui adopte « omnimodo rumpitur quasi agnatione heredis sui. » Justinien [2] au contraire supprimant le mot *omnimodo* nous dit simplement : « Testamentum ejus rumpitur » et il est bien certain que ce mot *omnimodo* n'a pas été supprimé sans intention. On doit voir dans cette suppression la manifestation d'une idée contraire à celle de Gaius et il faut en conclure que, d'après le système qui avait triomphé, l'adoptant pouvait éviter la rupture de son testament.

On a voulu soutenir cependant que les Institutes n'entendaient pas consacrer le système opposé à celui de Gaius, mais qu'elles visaient un cas spécial. Se référant à la réforme de l'adoption, les partisans du système de Gaius ont soutenu que la suppression du mot *omnimodo* tenait à ce que l'adoptant n'a pas à instituer l'adopté si c'est un *extraneus*. L'adopté n'ayant qu'un droit de succession ab intestat par rapport à l'adoptant *extraneus* et celui-ci pouvant simplement l'omettre dans son testament, il n'était plus vrai de dire

1. Gaius, II, § 138.
2. Instit., II, 17, § 1. *Quib. mod. test. inf.*

que par l'adoption « omnimodo testamentum rumpitur. »

Cette explication pourrait à la rigueur être admise, mais elle tombe absolument en présence de deux textes, l'un de Scœvola [1], l'autre de Papinien [2] qui nous disent que si le testateur a déjà institué la personne qu'il adopte, le testament ne deviendra pas *ruptum*. Le texte précité des Institutes n'est que la consécration de la doctrine de ces deux jurisconsultes.

Si, au lieu d'instituer, le testateur a exhérédé celui qu'il a plus tard adopté, cette exhérédation anticipée empêchera-t-elle le testament d'être rompu par l'adoption ? Ceci n'a pas été admis et nous ne connaissons pas de textes qui attribuent à l'exhérédation le même effet qu'à l'institution [3].

Au reste la différence entre ces deux solutions se comprend facilement ; instituer un *extraneus* est un acte valable qui entraîne des résultats ; l'exhéréder ne signifie rien, car on ne peut lui ôter des droits qu'il n'a pas. Cependant, Papinien nous cite un cas où l'exhérédation antérieure à l'adoption produit quelque effet et empêche la rupture du testament. Il faut supposer qu'un père émancipe son fils, et fait un testament dans lequel il l'exhérède ; plus tard il fait rentrer ce fils sous sa puissance en l'adrogeant, le testament ne deviendra pas *ruptum* et l'exhérédation conservera son effet [4]. Ulpien rapporte cette décision et l'approuve [5] et ceci n'est pas en contradiction avec ce que nous

1. L. 18, Dig., *De injust. rupt.* XXVIII, 3.
2. L. 23, § 1, Dig., *De liber et posth.*, XXVIII, 2.
3. L. 8, § 8, Dig. *De bon. poss. contra ab.*, XXXVII, 4.
4. L. 23, pr. Dig., *De liber, et posth.*, XXVII, 2.
5. L. 8, § 7, Dig., *De bon., possess. cont., tab.*, XXXVII, 4.

disions plus haut. En effet, si nous avons admis qu'au contraire de ce qui se passait à la suite d'une institution l'exhérédation d'un *extraneus* ne maintenait pas le testament, c'est que cette exhérédation ne produisait aucun résultat. Dans l'hypothèse que prévoit Papinien, il en est autrement ; car si, comme émancipé, cet enfant n'était plus héritier d'après le droit civil, le droit prétorien lui accordait une *bonorum possessio* que l'exhérédation lui faisait perdre.

Ayant examiné le sort du testament antérieur à l'adoption, il nous faut voir maintenant à quelles conditions sera valable celui que fera l'adoptant postérieurement à l'entrée de l'enfant adoptif dans sa nouvelle famille.

Les enfants adoptifs doivent être institués ou exhérédés d'après les mêmes règles que les enfants légitimes du testateur [1].

A l'origine, le père de famille, maître absolu de son patrimoine, s'il voulait ne rien laisser à ses enfants n'avait qu'à les omettre dans son testament, et cela devait être, la Loi des XII Tables permettant au père de disposer de ses biens en toute liberté. « Uti legassit » super pecunia tutelave suæ rei ita jus esto [2]. » Cette liberté devint dangereuse à l'époque où le testament n'eut plus à être approuvé par les comices, aussi une réaction s'opéra-t-elle contre le droit absolu du chef de famille et on exigea que, pour dépouiller ses enfants, il le dise expressément : c'est là l'exhérédation ; elle ne s'appliqua d'abord qu'aux héritiers siens mais sans distinction entre les enfants naturels et

1. Instit. II, 13, § 4, *De exhered liber*.
2. Loi des XII Tables, *Tabula quinta*, § 1.

les enfants adoptifs. Si, au lieu d'exhéréder formellement, le père avait simplement omis un enfant, cette omission produisait des résultats différents suivant les cas.

C'est un fils qui a été omis, le testament est nul; mais en sera-t-il de même si ce fils omis vient à mourir avant son père?

Gaius nous dit qu'une controverse s'était élevée entre les Sabiniens et les Proculiens à propos de cette question [1].

Pour les Sabiniens, le testament n'ayant pas été fait régulièrement lors de sa confection doit être nul quoi qu'il arrive par la suite.

Les Proculiens au contraire admettaient dans notre hypothèse la validité du testament: la règle qui exigeait l'exhérédation formelle du fils n'était établie que pour le protéger; lui mort, cette protection n'était plus nécessaire, et la règle protectrice ne devait plus être appliquée.

Ce fut l'opinion des Sabiniens, plus rigoureuse, mais plus conforme aux principes, qui prévalut [2].

L'omission des filles et des petits-enfants n'avait pas le même effet; le testament restait valable, mais ces enfants n'étaient pas pour cela privés de tout droit; ils venaient accroître le nombre des héritiers institués: Gaius nous dit qu'il y avait là un *jus accrescendi* [3].

Ces règles reçurent des modifications du droit prétorien : le droit civil n'exigeait que pour les fils

1. Gaius, II, § 123.

2. Instit. II, 13, pr. *De exhered., lib...* — Gaius II, § 123. — L. 7, Dig., *De lib. et posth.* XXVIII, 2.

3. Gaius II, § 124.

l'exhérédation *nominatim :* pour les autres descendants le testateur n'avait qu'à dire : *Ceteri exheredes sunto.* Le préteur exigea que l'exhérédation ait lieu *nominatim* pour tous les descendants mâles, les femmes seules purent être exhérédées *inter ceteros* [1]. De plus, corrigeant ce que la doctrine sabinienne avait de trop rigoureux, il admit que l'omission d'un descendant ne produisait pas de conséquences immédiates. Le descendant omis avait bien contre le testament une *bonorum possessio contra tabulas*, mais elle ne lui était accordée que si lors de l'ouverture de la succession il était encore vivant et capable [2].

Cette réforme prétorienne aurait dû effacer la différence entre les femmes et les descendants mâles, cependant Gaius nous dit que par un rescrit d'Antonin, il fut établi que les femmes n'auraient par la *bonorum possessio contra tabulas* que ce qu'elles auraient pu avoir par le *jus accrescendi* [3].

Justinien exigea que tous les descendants fussent exhérédés *nominatim* [4], mais reprenant la doctrine sabinienne il décida que dans tous les cas l'omission d'un descendant entraînerait la nullité immédiate du testament [5].

Toutes ces règles s'appliquent comme nous l'avons dit en commençant aux enfants adoptifs comme aux enfants naturels ; mais il faut remarquer que du temps de Justinien, comme il le rappelle à la fin du § 5,

1. Gaius II, §§ 127, 128 et 129. — Instit. II 13, § 3. *De exhered. lib.*
2. L. 3, § 10, Dig., *De bon. poss. cont. tabulas*, XXXVII, 4.
3. Gaius II. § 126.
4. Instit. II, 13, § 5. *De exher. lib.*
5. Instit. II, 13 pr. et § 5, *De exher. lib.*

elles ne sont plus exactes quand il s'agit d'un enfant adopté par un *extraneus* : pour cet enfant, comme il ne sort plus de sa famille naturelle, c'est au père naturel à l'instituer ou à l'exhéréder ; cela tient à la réforme de Justinien, réforme que nous exposerons plus loin.

La réaction contre le droit d'absolue disposition du père qui avait inspiré la théorie de l'exhérédation fut aussi l'origine de la *querela inofficiosi testamenti*. « Le testament inofficieux est celui qui, régulier en la forme, dépouille sans cause sérieuse un descendant, un ascendant ou un collatéral appelé à la succession légitime [1]. »

Les enfants adoptifs comme les enfants naturels ont la *querela inofficiosi testamenti* [2].

On s'est demandé si les enfants adoptés par une femme l'avaient aussi ?

Pendant longtemps le droit d'adopter fut réservé à ceux qui pouvaient avoir la puissance paternelle ; c'est dire que la femme n'était pas autorisée à adopter [3]. Cette prohibition longtemps absolue fut enfin modifiée, d'abord par une Constitution des empereurs Dioclétien et Maximien de l'an 291 [4], puis par Justinien ; les Institutes reconnaissent aux femmes le droit d'adopter « ad solatium liberorum amissorum [5] » : enfin l'empereur Léon le Philosophe [6] autorisa à adopter même les femmes qui n'auraient pas eu d'enfant. L'effet

1. M. Accarias, *Précis de droit romain*, I, nº 353.
2. Instit. II. 18, § 2. *De inoff. test.*
3. Gaius I, § 104.
4. L. 5 C. *De adopt.* VIII, 48.
5. Instit. I. 11, § 10 *De adopt.*
6 *Imper. Leonis. Constit.* XXVII.

de cette adoption ne pouvait être d'accorder à la mère la puissance paternelle, mais l'adopté acquérait un droit de succession ab intestat.

Faut-il aussi lui reconnaître le droit de se servir de la *querela inofficiosi testamenti?*

La question a été discutée : Pothier enseigne la négative : « Quia talis adoptio tribuit tantum jus suc- » cedendi ab intestato; non est autem vera adoptio [1]. »

Cependant le système contraire est généralement admis [2]: le texte de la constitution de Dioclétien et de Maximien ne dit pas que l'adopté n'aura que des droits de succession ab intestat; il y a assimilation entre l'enfant adoptif et l'enfant naturel ; il faut donc reconnaître à cet adopté le droit à la *querela inofficiosi testamenti.*

D'ailleurs cela résulte aussi a contrario d'un texte d'Ulpien [3].

L'enfant adoptif n'avait la *querela* comme l'enfant naturel qu'à défaut d'autre moyen [4]; ainsi elle n'appartenait pas à l'adopté, à qui quelque chose de l'hérédité avait été laissé par l'adoptant.

S'il avait moins que le quart de sa part héréditaire ab intestat, pouvant réclamer le complément par une *condictio ex lege* la *querela* lui était refusée [5].

De même encore l'adopté *ex tribus maribus* n'avait pas droit à la *querela*. L'enfant adoptif émancipé n'avait rien à réclamer dans la succession de

1. Pothier, *Pandect. In novum ord.* Tome III, *De inoff. test.* V, 2.
2. Ducauroy, T. I n° 184. — Vernet, *Quotité disponible*, p. 106.
3. L. 29, §, 3, Dig. *De inoff. test.* V, 2.
4. Institutes, II, 18, § 2, *De inoff. test.*
5. Instit., II. 18, § 3, *De inoff. test.*

l'adoptant et ceci pouvait le mettre dans une position fâcheuse si cette émancipation était postérieure au décès du père naturel. La réforme de Justinien remédia à cet inconvénient, mais avant cela, déjà, le sénatus-consulte sabinien, dans une hypothèse spéciale, avait sauvegardé les droits de l'adopté.

Le père de trois enfants mâles en donne un en adoption : C'est ce qu'on appelle l'adoption *ex tribus maribus*. « Si tres ego filios masculos in potestate habens, unum in adoptionem dedero dicitur hujus modi adoptio, ex tribus maribus [1]. »

A cet adopté *ex tribus maribus* le sénatus-consulte accorde dans la succession de l'adoptant une quarte qu'il peut réclamer nonobstant toute émancipation. Justinien abrogea la disposition de ce sénatus-consulte : elle prévenait un danger qui n'existait plus dans sa législation [2].

L'adoption ne produisait pas ce seul effet d'établir des rapports entre l'adopté et son père adoptif. Nous avons eu déja l'occasion de voir que non seulement l'adopté tombait sous la puissance de l'adoptant, mais encore qu'il était lié à ses agnats par le double lien de l'agnation et de la cognation [3]. Agnat des agnats de l'adoptant, l'adopté pouvait avoir droit à leur succession ; d'après le droit civil il venait dans l'ordre des agnats et le préteur confirmait ce droit par la *bonorum possessio unde legitimi* et par la *bonorum possessio unde cognati* [4]. Cette *bonorum possessio unde cognati* était

1. Paraphr. de Théophile, Lib. III, tit. 1, § 14.
2. Instit. III, 1, § 14, *De heredit. quæ. ab intest.*
3. L. 23, Dig. *De adopt.* I, 7.
4. Inst. III, 2, § 7, *De legit. adgnat. succ.*

utile à l'adopté, s'il était précédé par un agnat plus proche qui n'acceptait pas la succession. Ne pouvant avoir la *bonorum possessio unde legitimi,* puisqu'il n'y avait pas de dévolution d'un degré à l'autre dans l'ordre des agnats, l'adopté venait à la succession au moyen de la *bonorum possessio unde cognati.*

Quant aux simples cognats de l'adoptant, l'adopté, leur étant étranger, n'avait rien à réclamer dans leur succession.

Recueillant les avantages d'un héritier du sang, l'adopté devait en subir les charges, aussi voyons-nous qu'il est tenu comme un agnat de la tutelle légitime des agnats ; mais il ne le sera pas de la tutelle fiduciaire. Le fils impubère de l'adoptant est émancipé, puis le père meurt sans nommer un tuteur testamentaire [1]. Il y a lieu à tutelle fiduciaire dont seront tenus les frères, parce que, bien que le lien de l'agnation soit brisé, la cognation subsiste cependant. Mais la situation de l'adopté est différente ; en même temps que les liens d'agnation qui l'unissent à un membre de la famille adoptive se dissolvent, les liens de la cognation qui n'en sont que le résultat sont aussi rompus. L'adopté n'a plus rien de commun avec l'enfant émancipé de son père adoptif, il ne peut donc être tenu de cette tutelle fiduciaire.

On s'est demandé si les enfants adoptifs avaient sur les affranchis de l'adoptant les mêmes droits de patronage que les enfants naturels ?

Doneau nous dit qu'on ne rencontre aucun texte sur la question, mais que Cujas enseigne l'affirma-

1. Instit. I, 13, § 5, *De tutelis.*

tive [1]. Cujas [2], en effet, tout en admettant que la question puisse être controversée, décide que les enfants adoptifs doivent avoir les droits de patronage comme ils ont la succession de l'adoptant : mais il ajoute que cela a été changé par une constitution de Justinien [3].

Une autre question se présente à nous: Quel est l'effet de l'adoption au point de vue de l'obligation alimentaire : l'adoptant en est-il tenu vis-à-vis de l'adopté? Dans le droit de Justinien, la question a été controversée. Si l'adoptant est un ascendant naturel, il n'y a pas de question, car s'il n'est pas tenu de l'obligation alimentaire comme père adoptif, il en est tenu comme ascendant; mais notre question se pose si l'adoption est faite *per extraneam personam*.

Dans un premier système on a soutenu que bien que l'adoption soit ici *minus plena*, et ne produise plus tous ses anciens effets, cependant le père adoptif reste tenu de l'obligation alimentaire : on a argumenté de la loi 45 Dig. *De adoptionibus* « Onera ejus qui in adoptionem datus est ad patrem adoptivum transferuntur. » Et il est certain, ajoute-t-on, que l'obligation aux aliments est une charge [4].

L'opinion contraire est soutenue par Doneau [5]. Cet auteur enseigne que si l'adoptant est un *extraneus* il est dispensé de l'obligation alimentaire, et que cette charge incombe au père naturel.

Les arguments donnés à l'appui de ce système

1. Doneau, I, c. 29, 5, note 1, Lib. II, cap. 19.

2. Cujas, III, c. 167. Lib. VII, obs. cap. 1.

3. L. 4, § 5, C. *De bon. libert.* VI, 4.

4. En ce sens, Denis Godefroy, Comment. *Ad. Lib.* XXV, *Tit.* 3. *De Alend. L.* et *P.*

5. Doneau III, c. 453, 9 et note 7. Lib. 12, cap. 4.

semblent décisifs. On invoque d'abord la loi 10, § 1, C. *De adoptionibus*, où il nous est dit que l'adopté *per extraneam personam* n'acquiert, vis-à-vis de l'adoptant, que des droits de succession.

Cette même loi et les Institutes nous disent encore que quand l'adoption est faite *per extraneam personam* « jura potestatis patris naturalis minime dissolvuntur[1]. » Conservant ses droits, le père naturel doit rester tenu de ses obligations, et le père adoptif ne doit être grevé d'aucune charge, puisqu'il n'acquiert aucun droit : « nec quicquam ad patrem adoptivum transit ».

Enfin nous trouvons encore aux Institutes un autre texte qui milite en faveur de notre système.

Justinien explique que si l'adoptant est un *extraneus*, l'adoption laissera subsister les droits du fils naturel, vis-à-vis de son père, ce qui paraît exclure à l'égard de l'adoptant tous les bénéfices autres que le droit à la succession ab intestat[2].

Nous ajouterons, en terminant, que dans la loi 45 *De adoptionibus*, le mot *onera* n'a pas le sens qu'on lui prête pour défendre l'opinion contraire à la nôtre : les *onera* dont parle cette loi sont les *onera matrimonii*[3].

Dans le droit de Justinien, nous estimons donc que le père adoptif *extraneus* n'est pas tenu de l'obligation alimentaire : mais en droit classique, au contraire, il faut selon nous admettre l'opinion opposée.

En effet, si dans le cas où l'adoptant est un *extraneus*, nous décidons que l'obligation alimentaire ne pèse

1. L. 10, pr. C. *De adopt.*, VIII, 48. — Instit. I, 11 ; 2 *De adopt.*
2. Inst. III, 1, § 14, *De hered. quæ ab intest.*
3. L. 4, L. 5; Dig., *De adopt.*, I, 7. Cf. L. 56, § 1, Dig. *De jure dot.* XXIII, 3.

pas sur lui, c'est parce que, comme le disent les interprètes, l'adoption est *minus plena :* elle ne produit pas alors tous les effets de l'adoption; mais dans le droit classique, que l'adoptant soit ou non un *extraneus,* les effets étaient toujours les mêmes ; l'adoption était toujours *plena;* il en devait donc résulter une obligation alimentaire à la charge du père adoptif.

Réciproquement le fils était tenu, en cas de besoin, de fournir des aliments au père, et cette obligation incombe au fils adoptif comme au fils naturel ; mais cette obligation doit être combinée avec les règles de la puissance paternelle. Bien entendu, ce n'est pas sur le pécule profectice qui appartient en toute propriété au père, que le fils peut être tenu. Ce n'est pas non plus sur les biens adventices, puisque le père en a l'administration et la jouissance. L'obligation alimentaire qui incombe au fils ne pourra s'exécuter que sur le pécule castrense et sur le pécule quasi-castrense, sur lesquels le père n'a aucun droit.

III

L'adopté, ainsi que nous l'avons déjà dit, tient dans la famille adoptive la place d'un enfant légitime, mais comme nous l'avons fait remarquer dès le début, ce serait exagérer la portée de la règle que d'assimiler absolument la situation de ces deux enfants.

Et d'abord la différence entre eux est notable si l'adoptant au lieu d'être un ingénu est un affranchi. Nous n'avons à nous occuper que de l'affranchi citoyen romain, le seul à qui l'adoption soit permise.

D'après la Loi des XII Tables jouissant de la *testamenti*

factio activa, l'affranchi disposait de ses biens comme un ingénu. S'il mourait intestat, ses biens allaient à ses héritiers siens sans distinguer entre les enfants naturels et les enfants adoptifs [1].

L'affranchi n'ayant pas d'agnats, ses biens à défaut d'héritiers siens étaient attribués au patron et à ses descendants, ces personnes jouaient auprès de l'affranchi le rôle d'agnats. Cette succession du patron aux biens de l'affranchi décédé intestat était organisée comme la succession des agnats : étaient donc héritiers, le patron ou la patronne et les descendants agnats du patron quel que fût leur sexe [2].

Cette législation fut modifiée par le préteur et par la loi Pappia Poppea.

Le droit prétorien maintint la préférence accordée aux enfants naturels de l'affranchi à l'égard du patron ; mais le préteur trouva injuste que le patron pût être exclu de la succession de l'affranchi par la seule volonté de ce dernier. Aussi l'affranchi mourait-il intestat, ne laissant qu'un enfant adoptif; ou même laissant des enfants naturels, mais ayant disposé de ses biens par testament, après les avoir exhérédés ; si le patron ne recueillait pas la moitié des biens de l'affranchi, il avait pour la réclamer une *bonorum possessio dimidiæ partis* soit *contra tabulas*, soit ab intestat [3].

L'origine de cette *bonorum possessio dimidiæ partis* serait, d'après Ulpien [4], certaines sociétés qui se for-

1. Inst. III, 7 pr. *De success. libert.* — Gaius III, §§ 39 et 40.

2. Gaius III, §§ 45, 46, et 49.

3. Instit. III, 7, § 1, *De success. libert.* — Gaius, III, § 41. — Ulpiani Reg., XXIX, 1.

4. L. 1, Dig. *De bon. libert.* XXXVIII, 2.

maient autrefois entre le patron et l'affranchi. Le but de ces associations était d'indemniser le patron de la perte que lui faisait subir l'affranchissement : les acquisitions faites par l'affranchi étaient partageables entre lui et le patron. Plus tard on tint ces associations pour nulles [1], sans doute comme contractées sans liberté de la part de l'affranchi ; mais ne voulant pas enlever tout droit au patron, le préteur lui accorda cette *bonorum possessio dimidiæ partis*. C'était là remplacer un droit exigible contre l'affranchi vivant, par un droit de succession : ce droit, il est vrai, était indépendant de la volonté de l'affranchi, mais cela ne l'empêchait pas de pouvoir diminuer frauduleusement son patrimoine et par là même les droits de son patron. Pour sauvegarder les droits de ce dernier, il lui fut permis de faire révoquer ces aliénations frauduleuses, même s'il n'y avait pas eu fraude de la part de celui qui avait contracté avec l'affranchi.

Pour arriver à ce but, il fut accordé au patron une action Faviana si l'affranchi était mort laissant un testament et une action Calvisiana dans le cas contraire [2].

Ces droits consacrés au profit du patron appartenaient aussi à ses fils et petits-fils issus des mâles ; mais la réforme ne s'appliquait pas à la patronne non plus qu'aux filles du patron ; à leur égard le préteur laissait subsister l'ancien droit [3].

Ainsi l'enfant adoptif n'est pas assimilé à l'enfant naturel ; tandis que ce dernier aurait toute la succes-

1. L. 36, Dig. *De. operis libert.* XXXVIII, 1.

2. L. 3, §§ 2 et 3, Dig. *Si quid in fraud. patr.* XXXVIII, 5.— L. 2. C. *Si in fraud. patr.* VI, 5.

3. Gaius, III, §§ 45, 46 et 49 ; — Ulpiani Reg. XXIX, §§ 4 et 5.

sion de l'affranchi mort intestat, l'enfant adoptif n'avait droit qu'à la moitié des biens : si l'affranchi décède testat, l'enfant naturel omis a une *bonorum possessio contra tabulas* pour le tout, l'adopté au contraire ne peut, en présence du patron, que réclamer la moitié de la succession.

La loi Pappia Poppea vint établir un nouveau système; son but n'est pas seulement comme celui du préteur d'augmenter, de fortifier les droits du patron sur la succession de l'affranchi, mais encore d'encourager la procréation légitime. Elle étend à la patronne et aux descendants du patron les droits réservés jusque-là au patron et à ses descendants mâles: mais cette faveur ne fut accordée qu'aux femmes ayant le *jus liberorum* [1].

Dans ces conditions ce ne fut plus seulement par le patron que l'enfant adoptif se vit exclu en partie. A l'égard du patron cette loi augmentait ses droits de succession si l'affranchi était *locupletior* et laissait moins de trois enfants [2]. Justinien nous dit aux Institutes que toute cette matière de la succession de l'affranchi a été modifiée par une constitution dans laquelle il pose de nouvelles règles [3]. Cette constitution est la loi 4 au Code ; *De bonis libertorum et jure patronatus*. Lib. VI, tit. 4. Il n'y est pas question du sujet qui nous occupe spécialement, et elle ne nous dit pas si l'enfant adoptif de l'affranchi, concourant avec le patron, reste dans la même situation qu'autrefois ou si au contraire sa position est améliorée.

1. Gaius, III, § 46 et 50. — Ulpiani reg. XXIX, § 5.
2. Instit. III, 7, § 2. — Gaïus II, § 42.
3. Inst. III, 7, § 3, *De success. libert*.

Dans le silence des textes, on pourrait dire que les réformes de l'empereur n'ont apporté aucun changement aux droits des enfants adoptifs : cependant il est préférable d'admettre que Justinien ayant refondu toute cette matière a dû modifier aussi la situation des enfants adoptifs et que, ne faisant aucune distinction, il faut assimiler complètement les enfants adoptifs aux enfants légitimes. Une considération doit de plus nous faire admettre cette solution.

La loi 4, C. *De bonis libertorum*, VI, 4, nous dit dans son paragraphe 11, que pour ceux des affranchis qui, laissant une fortune de plus de cent sous d'or, décèdent intestats le patron est écarté par les enfants et le texte continue : « Sin autem sine liberis decesserint, siquidem intestati, ad omnem hereditatem patronos patronasque vocavimus. »

Si par ce mot *liberi* il ne faut entendre que les enfants naturels, et non pas aussi les enfants adoptifs, la situation de ces derniers serait très aggravée par Justinien, puisque au lieu de venir en concours comme autrefois avec le patron, ils seraient maintenant complètement écartés par lui.

Ce résultat est difficilement admissible ; il vaut mieux en l'absence de toute distinction assimiler les enfants adoptifs aux enfants naturels dans la succession de l'affranchi et dire que Justinien ayant établi en ces matières une nouvelle législation, il n'y a plus à tenir compte des lois précédentes.

Outre cette différence entre la situation de l'enfant naturel et la situation de l'enfant adoptif dans la famille adoptive, lorsque l'adoptant est un affranchi, on en rencontre d'autres, même si l'adoptant est ingénu.

Si nous prenons l'adoption encore subsistante, l'adoptant n'échappe pas aux déchéances attachées à l'*orbitas* par les lois caducaires, encore moins peut-il prétendre aux *præmia patrum*.

Le mot *liberi* fut d'abord pris dans un sens général, il en résultait que l'enfant adoptif étant au nombre des *liberi* devait servir à l'adoptant pour lui procurer le *jus patrum*.

Le législateur n'avait pas distingué entre les enfants naturels et les enfants adoptifs et on recourut alors à ce moyen facile de la paternité adoptive pour éviter les déchéances de l'*orbitas*. Il se produisit des abus, on eut recours à des adoptions fictives.

Tacite dans ses *Annales* nous signale ces abus. «Percrebuerat eâ tempestate pravissimus mos[1] »; et il nous rapporte les plaintes des véritables *patres*.

Par suite, sous Néron un sénatus-consulte intervint qui décida que ces adoptions simulées ne pourraient plus être utiles. Elles ne permettaient plus d'obtenir les avantages réservés aux *patres* soit pour l'obtention de certaines fonctions publiques soit pour l'acquisition des hérédités. Les adoptions simulées servirent de prétexte à cette mesure, mais elle n'en fut pas moins générale et s'appliqua à toutes les adoptions.

On avait admis qu'un conjoint pouvait laisser à l'autre le tiers de ses biens en propriété pour le cas où le survivant aurait des enfants et Ulpien [2] nous dit que dans cette hypothèse encore l'enfant adoptif n'était pas assimilé à l'enfant naturel : une adoption ne per-

1. Tacite, *Annales*, L. XV, ch. 19.
2. L. 51, § 1, Dig. *De legatis*, 2o, XXXI.

mettra pas au survivant de remplir la condition exigée pour avoir droit à ce tiers [1].

Un certain nombre d'enfants permet au père de s'excuser d'une tutelle : on ne devait pas compter les adoptés dans ce nombre [2].

La raison de cette décision c'est que personne ne doit par son fait se débarrasser d'une obligation qui vient de la loi, et les enfants adoptifs ne doivent pas plus servir d'excuse qu'une tutelle réclamée [3].

Que si nous supposons l'adoption dissoute, ici encore nous rencontrons des différences entre la filiation naturelle et la filiation adoptive : les effets subsistants ne sont pas les mêmes.

L'adopté pouvait être donné en adoption par son père adoptif comme par son père naturel, mais à la différence de ce qui était admis pour le père naturel, l'adopté ne pouvait plus rentrer sous la puissance de celui qui, après l'avoir adopté, l'avait fait sortir de sa famille [4].

L'adopté qui avait été uni à l'adoptant et à ses agnats par le double lien de l'agnation et de la cognation ne leur est plus uni à aucun titre après la dissolution de l'adoption : au contraire, si l'enfant donné en adoption voit se rompre les liens d'agnation qui l'unissaient à sa famille naturelle, il n'en reste pas moins le cognat de ses parents [5]. Nous devons faire

1. M. Machelard, *Dissertat. sur l'accroissement.*

2. Instit., I, 25. pr., *De excus. tutel.* — L. 2, § 2, Dig., *De vacat et exc.*, L. 5.

3. Doneau, I, c. 485, 13, et note 5. Lib. III, cap. 9.

4. L. 12. L. 37, § 1, Dig. *De adopt.*, I. 7.

5. L. 1, § 4, Dig. *Und. cognati*, XXXVIII, 8, — L. 4, § 10, *De grad.*, XXXVIII, 10.

remarquer cependant que, bien que dissoute, l'adoption laisse subsister certains empêchements de mariages ; nous les avons précédemment exposés.

Le fils de famille qui devient *sui juris* par la mort du père ne change pas de famille et cela est exact, qu'il s'agisse de la famille adoptive ou de la famille naturelle [1] ; mais si c'est au contraire à la suite d'une émancipation qu'il acquiert cette qualité, ici encore nous trouvons des différences entre la filiation naturelle et la filiation adoptive.

L'adopté perd par l'émancipation les droits acquis par l'adoption, il perd sa qualité de fils et ne peut plus rien réclamer des biens de l'émancipateur.

Le fils naturel émancipé, au contraire, ne perd pas le nom de fils, car son droit est fondé sur la nature et ne peut lui être enlevé : si le père meurt intestat il aura, d'après le droit prétorien, une *bonorum possessio unde liberi* et, s'il a été omis dans le testament de son père, une *bonorum possessio contra tabulas*[2].

Le fils adoptif émancipé perd la *dignitas patris adoptivi* conférée par l'adoption [3] ; le fils naturel au contraire conserve le rang qu'il doit à sa naissance, il conserve aussi sa patrie d'origine tandis que l'enfant adoptif émancipé cesse d'appartenir à la ville dont il était devenu citoyen par l'adoption [4].

On peut donc dire que l'adoption dissoute, il ne reste presque plus rien des liens qui unissaient l'adopté à l'adoptant et à sa famille : c'est au reste ce

1. L. 9, Dig. *De bon. poss. cont. tab.*, XXXVII, 4.

2. Instit. II, 13, § 4, *De exhered. lib.* — III, 1, §§ 11 et 12. *De heredit. quæ ab. intest.* — L. 1, § 6, L. 4, Dig. *Si tab. test. nullæ ex tab.* XXXVIII, 6.

3. L. 13, Dig. *De adopt.* I, 7. — L. 6, pr. Dig. *De senat.* I, 9.

4. L. 16, Dig. *Ad muncip.*, L. 1.

que nous dit Papinien : « In omni fere jure, finita patris adoptivi potestate nullum ex pristino retinetur vestigium[1]. » Par ce mot *fere* le jurisconsulte vise les quelques empêchements au mariage qui survivent à l'adoption dissoute.

Par ces observations on peut voir qu'il eût été exagéré d'assimiler absolument la situation de l'enfant adoptif à la situation de l'enfant naturel.

SECTION II

Rapports subsistant entre l'adopté et sa famille naturelle.

L'enfant naturel donné en adoption sort de sa famille; il cesse d'être soumis à la puissance de son père; les liens d'agnation sont rompus.

L'adopté subit-il une *capitis deminutio;* et d'abord qu'est-ce que la *capitis deminutio ?*

Les textes nous apprennent, qu'elle consiste dans un changement de l'état antérieur[2]. *Status permutatio.*

Ce *status* se compose de trois éléments, la liberté, la cité et un troisième sur lequel les opinions sont divergentes.

A la perte de la liberté et du droit de cité correspondent la *maxima* et la *media capitis deminutio*.

Le troisième élément du *status* dont le changement entraînerait la *minima capitis deminutio,* ce serait, d'après les uns, la famille des agnats, d'après les autres

1. L. 13, Dig. *De adopt.*, I, 7.

2. Instit. I, 16, pr. *De cap. dem.* — Gaius, I, § 159. — Ulp. Reg. XI, 13, — L. 1, Dig. *De cap. min.* V. 5.

la dépendance ou l'indépendance, pourvu que ce changement soit *in deterius* c'est-à-dire accompagné d'un amoindrissement de capacité.

Pour défendre cette dernière opinion, on fait remarquer que les trois *capitis deminutiones* sont les espèces d'un même genre ; l'élément commun c'est la diminution de capacité. De plus on invoque un texte, où Paul nous dit que si l'émancipé subit une *capitis deminutio* c'est que personne ne peut être émancipé « nisi imaginariam servilem causam deductus [1]. »

L'opinion contraire, à savoir que pour qu'il y ait *capitis deminutio minima*, il suffit d'un changement de famille, nous semble préférable et nous trouvons des textes qui sont formels en ce sens [2]. C'est cette doctrine qu'enseignent M. Ortolan et M. Accarias [3].

En droit classique cette controverse n'a pas grande importance pratique au point de vue de l'adoption ; quelle que soit l'opinion admise, il faut toujours reconnaître que l'adoption entraîne une *minima capitis deminutio*. Pour ceux qui se contentent d'un changement de famille, il est bien évident que nous le rencontrons : pour ceux qui exigent en outre un amoindrissement de capacité, on le trouve dans la mancipation qui a un instant et par fiction fait descendre l'adopté au rang d'esclave.

La question peut, au contraire, présenter un certain intérêt pratique après les réformes de Justinien.

1. L. 3, § 1, Dig. *De capite min.*, IV, 5.
2. L. 3. pr. L. 11, Dig. *De cap. min.* IV, 5.
3. M. Ortolan, *Explicat. des Instit.*, I, nº 207, édit. annotée par M. Labbé. M. Accarias, *Précis de droit romain*, I, nº 180 et note 2.

Si l'adoption est *plena,* il y a bien changement de famille mais nous ne retrouvons plus ici l'amoindrissement de capacité : il n'y a plus en effet de mancipations successives mais une simple déclaration de volonté du père naturel devant le magistrat en présence de l'adoptant et de l'adopté [1].

Du système que nous avons admis, nous conclurons que l'*adoptio plena* entraîne toujours une *minima capitis deminutio* puisque l'adopté change de famille.

Cependant il ne faut pas, même à cette époque, s'exagérer l'importance de la question ; elle présente, nous devons l'avouer, un intérêt plutôt historique que pratique, car sous Justinien les effets de la *capitis deminutio minima* sont bien restreints : et on peut dire que cette institution disparaît par la suppression de l'agnation en l'année 543. Nov. CXVIII.

L'adoption rompant les liens d'agnation laisse cependant subsister la cognation qui unit l'adopté à sa famille naturelle : ici en effet ce n'est pas une création du droit civil comme celle qui unit l'adopté à ses agnats adoptifs. Les empêchements au mariage fondés sur la cognation subsisteront donc [2].

Bien que libéré de la puissance paternelle, l'adopté ne pouvait appeler en justice son père naturel ; la même prohibition existait à l'égard du père adoptif mais seulement tant que durait l'adoption [3].

De même l'enfant donné en adoption ne pouvait être appelé en justice par l'affranchi de son père natu-

1. Instit. I, 12, § 8, *Quib. mod. jus pot. solv.*
2. Instit. I, 16, § 6, *De cap. dem.*
3. L. 6 et L. 8, pr., Dig. *De in jus vocando*, II, 4.

rel, non plus du reste que le fils de cet enfant, même s'il était né postérieurement à l'adoption [1].

L'affranchi au contraire pouvait citer en justice l'enfant adopté par le fils émancipé du patron, car, nous dit le même texte, cet enfant était étranger au patron.

C'était au père naturel et non pas au père adoptif que l'enfant donné en adoption comptait pour l'acquisition du *jus liberorum* [2].

Quant aux droits de succession que l'enfant donné en adoption pouvait conserver dans sa famille naturelle, nous devons les étudier avec quelque développement.

1° Droits de l'enfant donné en adoption dans la succession de son père naturel mort intestat.

En principe l'enfant donné en adoption ne devait rien prendre dans la succession de son père naturel ; en entrant dans une nouvelle famille il y acquérait des droits héréditaires et on ne voulait pas qu'il pût les avoir dans deux familles. De plus le droit à la succession d'après la Loi des XII Tables était fondé sur la soumission des descendants à la puissance paternelle, et, cette puissance dissoute, ils n'avaient plus rien à prétendre. Cette règle existait pour les enfants émancipés comme pour les enfants donnés en adoption.

Pour les émancipés qui, en échange des droits qu'ils perdaient dans la succession paternelle, n'en acquéraient pas dans une autre famille, le préteur atténua la rigueur du principe et leur accorda la *bonorum possessio unde liberi* qui leur permettait de concourir avec les héritiers restés en puissance.

1. L. 10, § 8, Dig. *De in jus vocando*, II. 4.
2. Instit. I, 25, pr. *De excusat. tut.*

La même protection est accordée à l'enfant donné en adoption et émancipé par l'adoptant avant le décès du père naturel [1]. C'est dire que cette *bonorum possessio unde liberi* est attribuée par le préteur aux descendants naturels qui compteraient parmi les héritiers siens si une *capitis deminutio* n'était pas intervenue [2].

Mais la protection du préteur ne s'était pas étendue à ceux qui, donnés en adoption, étaient encore dans la famille adoptive à l'ouverture de la succession du père naturel et cela parce qu'on ne voulait pas leur accorder le moyen de se présenter à deux successions. Un danger cependant pouvait se présenter pour eux ; c'était d'être émancipés par le père adoptif après le décès du père naturel : n'ayant rien pris dans la succession de ce dernier parce qu'alors ils étaient encore en puissance de l'adoptant, ils ne pouvaient rien prendre non plus dans la succession de l'adoptant, ni d'après le droit civil, parce que au moment de l'ouverture ils n'étaient plus héritiers siens, ni d'après le droit prétorien, parce que la *bonorum possessio unde liberi* n'était pas accordée aux enfants adoptifs émancipés.

Dans cette situation fâcheuse une seule ressource leur restait : Comme malgré leur entrée dans une nouvelle famille ces enfants étaient restés unis à leurs parents naturels par la cognation qui survivait à l'agnation, le préteur leur accordait, s'ils étaient encore dans la famille adoptive lors du décès du père naturel,

1. Instit. II, 13, § 4. *De exhered. liber.* — Gaius, II, § 137.

2. Instit. III, 1. §§ 9 et 10. *De hereditat. quæ. ab. intest.* — Ulp. Reg. XXVIII, 8.

une *bonorum possessio unde cognati* [1]. Mais ce n'était là qu'un secours le plus souvent illusoire, car par cette *bonorum possessio unde cognati* ces enfants donnés en adoption n'arrivaient que dans le troisième ordre des successions prétoriennes, après les descendants restés en puissance ou émancipés et les agnats.

Cette rigueur envers l'enfant donné en adoption et émancipé par l'adoptant après le décès du père naturel peut paraître exagérée, car nous savons que le consentement de cet enfant n'était pas requis, il suffisait qu'il ne s'opposât pas à l'adoption [2]. Justinien par sa réforme de l'adoption remédia définitivement à cette situation.

2° Droits de l'enfant donné en adoption dans la succession testamentaire de son père naturel.

Si l'adopté au moment de la mort du père naturel est encore dans la famille adoptive, celui-ci, d'après le droit prétorien, qui confirme ici le droit civil, peut tester sans instituer ni exhéréder l'enfant donné en adoption : l'enfant omis dans ces conditions n'aura pas la *bonorum possessio contra tabulas* [3].

A cette règle cependant nous devons ajouter une observation. L'enfant donné en adoption par son père naturel est par lui institué héritier bien qu'étant encore dans la famille adoptive, d'autre part le testateur a omis un héritier qu'il était tenu d'instituer ou d'exhéréder : l'héritier omis aura la *bonorum possessio contra tabulas* et on l'accordera aussi à l'enfant

1. Instit. III, 1, § 13, *De heredit. quæ ab int.* — Gaius, III, § 31. — Instit. III. 5. § 3, *De succ. cogn.*

2. L. 5, Dig. *De adopt.*, I, 7.

3. Instit. II, 13, § 4, *De exhered. liber.*

donné en adoption et institué quoiqu'en principe il n'y ait pas droit puisqu'il est encore sous la puissance de l'adoptant. Ulpien[1] qui nous rapporte cette décision l'approuve et nous dit que Labéon était du même avis et il ne nous donne pour raison que celle-ci : « nec enim in totum extranei sunt. »

Mais ceci étant une exception devait être interprété strictement : il fallait que l'enfant adoptif fût institué et il n'eût pas suffi qu'une personne sous sa puissance, et devant par conséquent acquérir pour lui l'hérédité, eût été instituée.

A défaut de cette institution, le principe était certain et l'enfant donné en adoption n'avait pas la *bonorum possessio contra tabulas* s'il était encore dans la famille adoptive lors du décès du père naturel.

Mais on a agité la question de savoir si dans ces mêmes conditions l'enfant omis n'aurait pas la *querela inofficiosi testamenti* contre le testament de son père. L'omission de l'enfant sorti de la puissance paternelle par une adoption est, au moins quant au résultat, une véritable exhérédation et la *querela* est accordée à l'exhérédé. Papinien refusait la *querela* à cet enfant donné en adoption et ainsi omis. Martien au contraire proposait une distinction qui paraît équitable. Ou bien l'enfant donné en adoption par son père naturel est exposé à subir une perte, si par exemple le père adoptif est pauvre, ou que riche il ait émancipé l'adopté après la mort du père naturel ; dans ce cas, disait Martien, il faut porter secours à l'enfant donné en adoption pour qu'il ne perde pas les biens de son père naturel alors qu'il n'a plus rien à espérer de son père

1. L. 8, § 11, Dig. *De bon. possess. contr. tab.*, XXXVII, 4.

adoptif : ou bien l'adopté ne court aucun risque, parce que l'adoptant est riche et ne l'a pas émancipé, alors il n'y a rien à lui accorder dans la fortune de son père naturel. Justinien qui nous rapporte cette controverse, la tranche ; il admet la solution de Papinien lorsque sont maintenus les effets de l'adoption [1].

Si l'adopté n'est plus dans la famille adoptive lors du décès du père naturel, mais en est sorti par une émancipation, le droit prétorien est en contradiction avec le droit civil. Le préteur prenant en considération les liens de parenté naturelle, de cognation qui subsistent malgré tout, accorde à ce fils donné en adoption et émancipé une *bonorum possessio contra tabulas* si le père naturel l'a omis dans son testament [2].

Dans plusieurs cas la théorie prétorienne trouve son application alors qu'on pourrait supposer le contraire, l'adopté étant encore sous la puissance de l'adoptant : ces solutions tiennent au point de départ de la théorie. Le préteur tenant la *capitis deminutio* pour non avenue doit considérer le père et l'aïeul paternel comme formant toujours partie d'une même famille.

Pour étudier ces hypothèses il n'est pas nécessaire de distinguer, comme nous l'avons fait jusqu'ici, si il s'agit d'une succession testamentaire ou ab intestat.

Voici une première hypothèse. L'aïeul émancipe son fils retenant, sous sa puissance, l'enfant de ce fils

1. L. 10, pr. C. *De adopt.*, VIII, 48.

2. Instit. II, 13, § 4, *De exhered. liber.* — Gaius. II, § 135. — Ulp., reg., XXII, § 23, et XXVIII, § 2.

né ou conçu avant l'émancipation : puis il donne ce petit-fils en adoption à l'émancipé, c'est-à-dire au père naturel de l'enfant. Postérieurement l'émancipé meurt et ensuite l'aïeul. Régulièrement l'enfant donné en adoption étant encore dans la famille adoptive lors du décès de l'aïeul qui l'a donné en adoption n'a rien à demander dans cette succession : l'aïeul aurait donc dû être en droit d'omettre ce petit-fils. Cependant la loi 3, § 7, Dig. *De bon poss. cont. tab.* nous apprend que si l'aïeul n'a pas institué ou exhérédé ce petit-fils, le préteur lui accordera une *bonorum possessio contra tabulas*.

Le motif de cette décision c'est que l'enfant donné en adoption n'est pas entré dans une famille étrangère ; « quia in ejus est familia» ; en effet le préteur ne tenant pas compte de la *capitis deminutio* subie par l'émancipé et le regardant comme s'il était encore dans sa famille naturelle, il faut admettre que l'enfant qu'il adopte reste comme lui dans la famille de l'aïeul [1] : il doit donc y conserver ses droits de succession.

La loi 21, § 1, au même titre, confirme cette décision ; « quia per adoptionem aliena familia non fuerit. »

La même loi 3, § 8, nous offre une espèce analogue à laquelle la même solution est donnée [2]. Le texte suppose maintenant que le fils émancipé n'a eu d'enfant qu'après l'émancipation. Cet enfant il le donne en adoption à l'aïeul émancipateur, l'aïeul meurt, puis l'émancipé. Étant encore dans la famille adoptive, ici encore l'enfant donné en adoption semblerait

1. L. 3, § 7, Dig., *De bon. poss. contra. tab.*, XXXVII, 4.
2. L. 3, § 8, Dig., *De bon. poss. contra. tab.*, XXXVII, 4.

n'avoir rien à prétendre dans la succession paternelle : et cependant le préteur lui accorde une *bonorum possessio contra tabulas* ou *unde liberi* suivant les cas. La raison par laquelle le jurisconsulte justifie la solution est toujours la même : « Quasi non sit in alia familia » et en effet aux yeux du préteur l'enfant donné en adoption par son père à son aïeul n'a pas changé de famille ; il a donc conservé ses droits de succession.

Voici une dernière hypothèse[1]. Un père émancipe son fils, puis se donne lui-même en adoption (c'est une adrogation). L'adrogé entre seul dans la famille adoptive : il devient *sui juris*, sans changer de famille, par la mort de l'adrogeant. puis il meurt ayant omis dans son testament son fils émancipé.

Celui-ci aura-t-il la *bonorum possessio contra tabulas?*

La question fut controversée. Julien estime que ce fils omis n'aura pas la *bonorum possessio contra tabulas* parce que son père et lui sont dans des familles différentes.

Peu importe, d'après le jurisconsulte, que le père ait donné son fils en adoption ou s'y soit donné lui-même; la solution doit être la même, et nous savons que si c'était le fils qui, entré dans une famille adoptive, y eût encore été à la mort de son père, il n'aurait pas eu la *bonorum possessio contra tabulas*.

Marcellus au contraire estime plus équitable d'accorder au fils cette *bonorum possessio contra tabulas patris,* quoique son père soit resté dans la famille

1. L. 3, § 9; L. 17, Dig. *De bon. poss. cont. tab.* XXXVII, 4.

adoptive : en effet, cet enfant n'a point acquis un autre père, on ne doit donc pas l'écarter de la succession de son père naturel. Ulpien nous rapportant la controverse approuve cette opinion de Marcellus. « Quæ sententia non est sine ratione », nous dit-il.

Une remarque à faire, c'est que pour être admis à la *bonorum possessio contra tabulas,* il fallait n'avoir pas approuvé volontairement le testament dont on demandait la rescision. Cependant pour que cette approbation entraînât la perte d'un droit, il fallait qu'elle eût été faite librement. L'adition faite par ordre du père n'équivaut pas à une approbation du testament [1].

En principe, l'enfant donné en adoption et venant à la succession par une *bonorum possessio contra tabulas*, obtenait ce qu'il aurait eu s'il était resté dans la famille naturelle; cependant il est un cas où cette règle doit être modifiée. Le fils donné en adoption a laissé, dans la famille naturelle, des enfants conçus avant l'adoption. Ces enfants qui se trouvent sous la puissance immédiate du père de famille sont héritiers siens et viennent à la succession en vertu du droit civil; excluront-ils leur père qui vient à la succession en vertu du droit prétorien ou bien seront-ils exclus par lui? Le préteur concilie leurs droits respectifs : ils auront à eux tous une part virile, dont la moitié sera pour le père, l'autre moitié appartiendra aux enfants [2]. Cette décision fut introduite par le jurisconsulte Julien; antérieurement l'émancipé excluait ses enfants de-

1. L. 10, § 2, Dig. *De bonor. possess. cont. tab.*, XXXVII, 4.

2. L. 1, pr., § 1, Dig. *De conj. cum emanc. lib.*, XXXVII, 8. — L. 5, pr., Dig., *Si tab. test. null. ext.*, XXXVIII, 6.

meurés en la puissance de l'aïeul, et cela était logique, puisque le préteur rescindait la *capitis deminutio.*

Ceci ne s'appliquait pas aux enfants qui, nés du fils après son adoption, n'étaient entrés sous la puissance de leur aïeul que par une adoption; ceux-là avaient droit à une part virile pour chacun d'eux. « Nec enim minus debet ferre nepos in locum filii adoptatus quam si ab extraneo esset adoptatus.[1] »

Le préteur appelant à la succession du père naturel l'enfant donné en adoption et sorti de la famille adoptive corrigeait une injustice, mais c'eût été pour la remplacer par une autre, si sa réforme se fût bornée à cela.

Nous savons qu'en principe, les biens acquis par les enfants restés en puissance profitaient au père de famille. Les enfants émancipés, au contraire, que l'émancipation vînt du père naturel ou du père adoptif, acquéraient pour eux-mêmes : venant à la succession du père naturel, ces émancipés prenaient une part des biens gagnés au père par les héritiers siens, tandis qu'eux-mêmes gardaient, sans les partager, les biens qu'ils possédaient. L'équité demandait donc que l'émancipé fût contraint de partager avec les cohéritiers restés en puissance, ceux de ses biens personnels qu'il aurait acquis pour le père défunt, s'il ne fût pas sorti de la famille.

Ce résultat fut obtenu par la *collatio bonorum emancipati*[2]. C'est l'obligation imposée aux descendants, qui viennent à la succession sans être restés sous la puissance du père, de partager leurs biens personnels avec les héritiers siens arrivant en même temps

1. L. 1, § 9, Dig., *De Conj. cum emanc. lib.* XXXVII, 8.
2. L. 1, pr. Dig., *De collatione*, XXXVII, 6.

qu'eux à l'une des *bonorum possessiones contra tabulas* ou *unde liberi.*

Nous trouvons là l'origine éloignée du rapport, mais ce mot rapport ne doit pas être employé ici : la *collatio* est la nécessité de la mise en commun des biens pour être partagés, mais nous n'y trouvons pas l'idée qu'éveille le rapport : les biens qui doivent être mis en commun ne viennent pas du patrimoine du défunt et n'y rentrent pas [1].

La nécessité de la *collatio* s'impose aussi à l'enfant donné en adoption et resté dans la famille adoptive, dans les cas où il est appelé à la succession de son père naturel [2] : mais ici comme c'est au père de famille sous la puissance duquel il est placé que profite la *bonorum possessio,* c'est à lui qu'incombe la charge de la *collatio.*

Dans ces cas la *collatio* ne s'applique qu'aux biens acquis par l'intermédiaire du successible et elle n'a pas lieu si celui-ci est émancipé sans fraude avant l'acquisition de la *bonorum possessio.*

Des causes qui ont fait établir la *collatio* il résulte que seuls les héritiers siens peuvent la réclamer [3] : si plusieurs enfants donnés en adoption et émancipés viennent à la succession et qu'il n'y ait pas d'héritiers siens il n'y a pas lieu à la *collatio.* « Ipsos emancipatos invicem nihil conferre [4] ». Si ces enfants donnés en adoption et émancipés viennent en concours avec des héritiers siens, chaque émancipé leur doit la *collatio,*

1. M. Labbé à son cours.
2. L. 1, § 14 ; L. 5, pr. Dig., *De Collat.* XXXVII, 6.
3. L. 3, §§ 2 et 3, Dig., *De collat.* XXXVII, 6.
4. L. 1, § 24, Dig. *De collat.* XXXVII, 6.

mais ces émancipés ne se la doivent pas entre eux, de telle sorte que la situation des héritiers siens peut être la plus avantageuse. Ceux-ci ont seuls droit à la *collatio*, mais ils ne peuvent y prétendre que si la présence de l'émancipé à la succession leur cause un dommage ; dans le cas contraire, ils n'ont rien à réclamer [1].

Ces droits que malgré le droit civil le préteur accorde à l'enfant, sorti de sa famille naturelle, lorsqu'il n'est plus dans sa famille adoptive, dans la succession de ses ascendants paternels, lui sont-ils aussi accordés dans la succession de ses agnats ?

L'enfant sorti de sa famille par une adoption a vu se rompre le lien d'agnation à la suite de la *capitis deminutio minima* qu'il a subie : d'après le droit civil il n'a donc rien à réclamer dans la succession de ses agnats. Le droit prétorien n'a pas modifié cette situation : l'ordre des agnats est resté ce qu'il était d'après la Loi des XII Tables. Le but du préteur en agissant ainsi était de laisser s'éteindre un ordre de parenté purement civil et contraire au droit naturel : diminuant le nombre des agnats il favorisait ainsi les cognats dont les droits reposaient sur les liens du sang.

L'enfant donné en adoption ne pourra donc venir à la succession des membres de sa famille autres que les ascendants paternels, que comme cognat ; il aura la *bonorum possessio unde cognati* et n'arrivera qu'à défaut des deux premiers ordres de successibles, les héritiers siens et les agnats.

Cependant une constitution de l'empereur Anastase accorda à ces enfants, donnés en adoption puis éman-

1. L. 1, § 5, Dig., *De collat.* XXXVII, 6.

cipés, le droit de venir en concours, dans la succession de leurs frères et sœurs, avec les enfants restés en puissance : mais non pas toutefois sur le pied d'égalité [1].

L'agnation étant rompue par leur sortie de la famille, par la *capitis deminutio*, ces enfants donnés en adoption perdaient leurs droits sur la succession des affranchis de leur père naturel et ne pouvaient plus gérer leur tutelle [2].

Enfin de même qu'ils perdaient tout droit à la succession de leurs agnats, ces émancipés ne pouvaient plus être tuteurs légitimes des membres d'une famille à laquelle ils avaient cessé d'appartenir : ils ne pouvaient plus exercer la tutelle légitime des agnats.

1. Instit. III, 5, § 1, *De success. cognat.*; — L. 4, C, *De legit. tut.*, V, 30.
2. Instit. I, 17, *De legit. patr. tutela* ; — Ulp. Reg., XXVII, 5.

CHAPITRE II

EFFETS PARTICULIERS A L'ADROGATION.

L'adrogation, acte de la même nature que l'adoption, produisait, outre un certain nombre d'effets semblables, que nous avons exposés au chapitre précédent, des effets qui lui étaient particuliers.

Ce qui fait le caractère spécial de l'adrogation, c'est que ce n'est pas simplement un changement de famille ; c'est toute une famille qui se confond dans une autre : de plus l'adrogé étant *sui juris* a des biens dont nous aurons à nous occuper.

Nous étudierons successivement les effets de l'adrogation quant aux personnes et quant aux biens.

SECTION I

Effets de l'adrogation quant aux personnes

L'adrogé subissait certainement une *capitis deminutio*, quel que soit le parti qu'on prenne sur ses conditions ; en effet nous trouvons ici un changement de famille, un amoindrissement de capacité, l'adopté étant *sui juris* devenait *alieni juris*.

Homme *sui juris*, propriétaire d'un patrimoine, l'adrogé avait pu tester : devenant *alieni juris* le testament devenait *irritum* : et cela était définitif si l'adrogé mourait sous la puissance de l'adrogeant.

Au contraire, décédait-il redevenu *sui juris*, s'il avait manifesté l'intention de maintenir ses premières dispositions, le préteur accordait à l'institué une *bonorum possessio secundum tabulas* [1].

Si l'adrogé était devenu *sui juris* par la mort de son père naturel, il était resté dans sa famille ; l'adrogation brisait les liens d'agnation qui existaient encore. Si une émancipation l'avait fait sortir de sa famille naturelle, l'adrogé comme l'adopté perdait par son entrée dans une nouvelle famille, et tant que durait l'adrogation, le droit que lui accordait le préteur de venir à la succession de son père naturel par la *bonorum possessio unde liberi*, si le père était mort intestat ; par la *bonorum possessio contra tabulas*, si le père ayant fait un testament l'avait omis [2].

Tandis que l'adopté entrait seul dans la famille adoptive et que ses enfants nés ou conçus restaient dans leur famille naturelle, l'adrogé entraînait avec lui tous ses enfants dans sa nouvelle famille : ils passaient avec lui sous la puissance de l'adrogeant et y restaient même si l'adrogé venait à en sortir [3].

Ces enfants, fils de l'adrogé, devenus petits-fils de l'adrogeant, subissaient-ils une *capitis deminutio ?* Cette question se résoudra différemment suivant le parti pris dans la controverse sur la *capitis deminutio minima*.

Si pour l'entraîner il faut un amoindrissement

1. L. 11, § 2 ; Dig. *De Bon. poss. secund. tab.*, XXXVII, 11.

2. L. 3, § 6 ; Dig. *De Bon. poss. cont. tab.*, XXXVII, 4.

3. Instit. I, 11, § 11, *De adopt.* — Gaius, I, § 107.

de capacité, ces enfants ne la subiront pas, car leur situation reste la même : de fils d'un père de famille, ils deviennent petits-fils, mais n'en restent pas moins *alieni juris*. Si au contraire il suffit d'un changement de famille, les fils de l'adrogé subiront la *capitis deminutio minima*[1]. Cette question a été développée au chapitre précédent et résolue en ce sens.

Le père de famille qui se donne en adrogation pouvait être tuteur : que devient cette tutelle ? Les Institutes nous disent que la tutelle légitime seule s'éteint par la *capitis deminutio minima,* les autres subsistent ; ceteræ non pereunt[2]. Par tutelle légitime, dans ce texte, il faut je crois entendre toute tutelle déférée par la loi et en conséquence, dire que quand le tuteur se donne en adrogation la tutelle fiduciaire s'éteint comme la tutelle légitime. Dans les deux cas, la vocation à la tutelle est fondée sur la vocation à la succession légitime qui est perdue par la *capitis deminutio minima* ; au reste, il serait singulier d'enlever la tutelle au père émancipateur tuteur légitime et de la laisser à ses enfants ou au *manumissor extraneus*.

SECTION II

Effets de l'adrogation quant aux biens

L'adopté fils de famille acquérant pour le compte de son père naturel ne possédait pas de patrimoine ; c'était donc sans biens, au moins jusqu'à l'introduction des pécules, qu'il entrait dans sa nouvelle famille.

1. L. 3, pr. Dig. *De capite minut.* IV, 5.
2. Instit. I, 22, § 4, *Quib. mod. tut. finitur.*

L'adrogé au contraire pouvait avoir un patrimoine ; son entrée dans la famille adoptive avait sur ces biens des effets que nous devons étudier. Nous nous occuperons successivement de l'actif et du passif.

§ 1. — *Actif de l'adrogé.*

L'adrogeant acquiert le patrimoine de l'adrogé[1], ses biens corporels et incorporels, ses actions, ses créances ; il acquiert même la possession.

Ici en effet nous ne trouvons pas d'interruption de la possession : l'adrogé continue à posséder comme il le faisait avant l'adrogation mais c'est maintenant pour le compte de l'adrogeant et ce dernier devient possesseur par l'intermédiaire de son fils adoptif. La loi 23, pr. Dig., *De acquir. vel amitt. possess.* ne contredit pas cela.

« Tous les droits, nous dit-elle, appartiennent à l'héritier institué lorsqu'il a fait adition : mais pour la possession, elle ne lui appartient que s'il possède naturellement[2]. »

Ce qui explique ce texte, c'est qu'il y a eu, dans cette hypothèse, interruption de la possession ; elle a été vacante et il faut une mise en possession pour que l'héritier possède.

Si l'adrogé est marié, les biens reçus en dot tombent avec les autres dans le patrimoine de l'adrogeant, mais dès lors les charges auxquelles les biens dotaux devaient subvenir incombent au père adoptif[3].

1. Instit. III, 10, § 1, *De adquis. per adrog.* — Gaius. III, 83.
2. L. 23, pr. Dig. *De acquier. vel amitt. possess.*, XLI, 2.
3. L. 56, § Dig. *De jure dot.* XXIII, 3.—L. 45, Dig. *De adopt.* I, 7.

De la loi 45 Dig. *De adoptionibus*, on a voulu donner une autre explication : on a prétendu, et Pothier était de cet avis, que le mot *onera* signifiait les dettes de l'adrogé [1] : cette solution n'a pas prévalu.

Par le mot *onera* dans la loi 45 Dig. *De adopt.*, on entend les *onera matrimonii* et ce texte combiné avec la loi 56, § 1 Dig. *De jure dotium* qui est du même jurisconsulte, de Paul, trouve ici son application toute naturelle [2].

Cette règle que les biens de l'adrogé entrent dans le patrimoine de l'adrogeant est une règle générale, mais elle n'est pas sans recevoir quelques exceptions.

Il est des biens qui restent propres à l'adrogé ; ce sont ceux de nature à former le pécule castrense et le pécule quasi-castrense : il en était de même de ceux qui plus tard formèrent ce qu'on appela les biens adventices, mais de ces derniers l'adrogé ne gardait que la nue propriété ; l'administration et la jouissance en appartenaient à l'adrogeant comme elles auraient appartenu au père naturel.

D'autre part, les droits dont l'adrogé était titulaire et qui s'éteignent par une *capitis deminutio minima*, n'entrent pas dans le patrimoine de l'adrogeant.

Tels sont, d'après Gaïus [3] : 1° L'usufruit et nous devons y ajouter l'usage qui, comme l'usufruit, s'éteint par la *capitis deminutio minima* [4]. Quant à *l'habitatio* et aux *operæ servi aut animalis* la *capitis deminutio*

1. Pothier, *Pandectes*, I, 7, n° 29.
2. M. Pellat, *Textes sur la dot*, p. 253 ; — M. Machelard, *Oblig. nat.*, p. 331.
3. Gaius, III, § 83.
4. L. 1, pr. Dig. *Quibus modis ususfr.*, VII, 4.

minima ne les éteint pas : mais leur caractère de servitudes personnelles les empêchant de se déplacer, ces droits restent propres à l'adrogé[1]. 2° Les créances ayant pour objet les *operæ liberti :* ces créances sont une conséquence du droit de patronage, elles doivent donc s'éteindre comme lui par la *capitis deminutio minima.* Il n'y a pas à distinguer entre les *operæ fabriles,* services utiles à tout le monde et les *operæ officiales,* services qui ne peuvent être rendus que par une personne à une autre, mais il est à croire que Gaius songe plutôt aux *operæ fabriles*, car étant donné le caractère personnel des *operæ officiales*, quand bien même ils survivraient à la *capitis deminutio*, ils ne pourraient entrer dans le patrimoine de l'adrogeant[2]. 3° Les droits déduits en justice dans un *legitimum judicium :* « ea quæ legitimo judicio continentur. »

L'acquisition du patrimoine de l'adrogé par l'adrogeant était définitive et même sortant de sa nouvelle famille, l'adrogé ne reprenait pas ses biens.

§ 2. — *Passif de l'adrogé.*

Les dettes formant le passif de l'adrogé peuvent avoir des origines différentes ; les unes résulteront de délits, d'autres de contrats ou quasi-contrats, d'autres enfin viendront d'hérédités par lui recueillies.

1° Dettes résultant de délits.

L'adrogation, comme toute autre espèce de *capitis deminutio,* les laisse subsister[3] ; mais si la situation de

1. L. 10, Dig., *De cap. minut.*, IV, 5. — L. 10, pr. Dig. *De usu et habit.*, VII, 8. — L. 2, Dig., *De usu et usuf. et red.* XXXIII, 2.

2. L. 6, et L. 9, § 1, Dig., *De operis libert.* XXXVIII, 1.

3. L. 2, § 3, Dig. *De cap. min.*, IV, 5.

l'adrogé reste la même à l'égard de ses créanciers, la leur est profondément modifiée ; autrefois, ils pouvaient agir sur le patrimoine de leur débiteur, aujourd'hui leur débiteur est sans patrimoine ; on leur permet en revanche d'agir contre l'adrogeant par l'action noxale [1].

2° Dettes contractuelles.

La *capitis deminutio minima* résultant de l'adrogation les éteint ; l'adrogeant ne sera pas tenu des dettes contractuelles de l'adrogé [2]. La raison de cette décision, c'est que le père n'est pas obligé par le contrat de son fils en puissance. Ce que l'adrogation procurait directement à l'adrogeant, c'était la puissance paternelle. La portée de l'acquisition qui en résultait était mesurée sur les règles propres à cette puissance, qui permettait bien au fils d'améliorer la condition du père, mais non de l'empirer [3].

Quant à l'adrogé, il se trouvait par l'effet de la *capitis deminutio minima* civilement libéré de ses dettes ; il ne restait tenu que d'une obligation naturelle [4]. Celle-ci, il est vrai, permettait aux créanciers qui avaient une hypothèque ou s'étaient munis de fidéjusseurs de sauvegarder leurs droits, l'existence d'une obligation naturelle suffisant à conserver l'hypothèque ou le cautionnement [5] ; mais tous les créanciers pouvaient ne pas avoir pris ces garanties et leurs droits n'en étaient pas pour cela moins respectables. Dans ces conditions, on peut croire que l'adrogation servira aux pères de famille

1. Gaius, IV, § 77.
2. Gaius, III, § 84.
3. M. Machelard, *Obligat. naturelles*.
4. L. 2, § 2, Dig., *De cap. min.*, IV, 5.
5. L. 60, Dig. *De fidejuss. et mand.*, XLVI, 1, — L. 14, § 1, Dig. *De pign.*, XX, 1.

obérés à se débarrasser de leurs dettes, mais cette objection n'est pas exacte en pratique.

Nous savons d'abord que toute adrogation devait être précédée d'une enquête ; cette enquête certainement portait sur la situation pécuniaire de celui qui voulait se faire adroger ; on devait examiner si l'adrogation n'était pas entachée de fraude et si le but poursuivi n'était pas de frustrer les créanciers.

De plus, par une disposition générale de l'édit dont les termes nous ont été conservés dans la loi 2, § 1, Dig. *De capite minutis* le préteur établissait que malgré la *capitis deminutio minima* une action serait accordée comme s'il n'y avait pas eu changement d'état : « perindé quasi id factum non sit » [1], et Gaius nous apprend que rescissa capitis deminutione [2] il était accordé aux créanciers une action utile.

C'était là une sorte de *restitutio in integrum* qui cependant offrait quelques différences avec la *restitutio in integrum* ordinaire. Nous ne rencontrons pas ici le délai d'année utile, notre *restitutio* peut être demandée à toute époque. La loi 2, § 5, Dig. *De capite minutis*, nous dit en effet que l'action utile dont il s'agit était perpétuelle et qu'on l'accordait aux héritiers du créancier de même que contre les héritiers du débiteur [3], de plus elle était accordée *de plano* : le texte nous dit [4] *judicium dabo*, sans ajouter les mots *causa cognita*, tandis qu'au contraire la *restitutio in integrum* n'a lieu ordinairement que *causa cognita*.

1. L. 2, § 1, Dig. *De capite min.*, IV, 5.
2. Gaius, III, § 84, IV, § 38.
3. L. 2, § 5, Dig. *De Cap. min.*, IV, 5.
4. L. 2, § 1, Dig. *De cap. min.* IV, 5.

Mais même dans ces conditions, la situation des créanciers, si on s'en était tenu là, n'aurait point été suffisamment sauvegardée. On leur rendait bien contre leur débiteur l'action que la *capitis deminutio minima* leur avait fait perdre, mais l'adrogation leur enlevait un débiteur peut être fort riche et le préteur ne leur rendait qu'un fils de famille sans fortune : aussi contraignait-on l'adrogeant à choisir entre deux partis. Il pouvait jouer le rôle de défendeur à l'action restituée par le droit prétorien, c'est-à-dire se constituer l'adversaire du créancier : si l'adrogeant agissait ainsi, la condamnation s'exécutait contre lui et les créanciers de l'adrogé ne couraient aucun risque. Si au contraire les dettes de l'adrogé dépassant son patrimoine, l'adrogeant se refuse à jouer ce rôle, il ne peut conserver les biens acquis par l'adrogation : le préteur accorde aux créanciers l'envoi en possession de tout ce qui constituerait le patrimoine de l'adrogé : c'est sur ces biens que s'exécuteront les condamnations et les créanciers ne pourront se plaindre[1] ; peut-être le patrimoine de l'adrogé sera-t-il insuffisant à les désintéresser, mais ils ne peuvent exiger plus que les biens de leur débiteur.

Cette *restitutio* n'est accordée qu'à ceux des créanciers dont le droit est antérieur à l'adrogation ; pour ceux au contraire dont le droit n'a pris naissance qu'à une époque postérieure à l'adrogation, ils n'ont pas à compter sur une telle protection ; leur attente n'ayant pas été déçue, ils ne pourront agir que par l'action *de peculio* comme ceux qui ont traité avec des fils de famille.

1. Gaius, III, § 84.

On s'est demandé si cette action *de peculio* ne devait pas être aussi accordée aux créanciers de l'adrogé dont le droit remontait à une époque antérieure à l'adrogation et une controverse s'est élevée sur cette question entre les deux écoles sabinienne et proculienne.

Les Sabiniens refusaient cette action dans notre hypothèse, parce qu'elle suppose un pécule lors de la naissance de la créance ; elle ne peut garantir que les obligations nées postérieurement à la constitution du pécule ; c'est ce que nous ne rencontrons pas ici ; les dettes sont antérieures au pécule : lorsqu'elles sont nées, il n'y avait pas de pécule mais un patrimoine : il n'y avait pas de personne *alieni juris* mais un *pater-familias*.

Dans la loi 19, Dig. *De mort. causa donat.* Julien, jurisconsulte sabinien, nous enseigne que l'action *de peculio* appartenait à celui qui aurait donné *mortis causa* à un fils de famille tandis qu'elle n'aurait pas lieu si le donataire à cause de mort, qui était *sui juris* lors de la donation, avait subi une adrogation à l'époque où le donateur veut reprendre ce qu'il a donné [1].

Cette solution était conforme au principe de l'action *de peculio* qui est fondée sur le consentement que le père donne par avance dans la mesure du pécule aux obligations que le fils contractera.

Les Proculiens, au contraire, accordaient cette action *de peculio* aux créanciers antérieurs à l'adrogation et par conséquent à la naissance du pécule. Ulpien qui nous rapporte cette opinion l'approuve et nous dit

1. L. 19, Dig. *De mort. causa donat.* XXXIX, 6.— M. Machelard, *Oblig. naturelles*.

qu'elle avait prévalu malgré le sentiment contraire de Sabinus et de Cassius [1].

Cette solution se fonde sur l'effet rétroactif accordé à la paternité de l'adrogeant : l'adrogé est réputé avoir toujours été sous sa puissance et son patrimoine n'avoir été qu'un pécule.

Cette doctrine simplifie la procédure : on évitait la rescision de la *capitis deminutio minima :* au lieu d'une action utile donnée aux créanciers contre l'adrogé, on pouvait faire condamner le père *suo nomine* sur son patrimoine, et les créanciers non plus que l'adrogeant ne pouvaient se plaindre ; l'adrogeant, parce que la condamnation ne dépassait pas le montant de ce qu'il avait acquis par l'adrogation et de ce qui lui en restait au moment où intervenait la condamnation ; les créanciers, parce que s'ils avaient agi par l'action utile et l'adrogeant refusant de se porter défendeur, ils auraient bien dû se contenter de l'envoi en possession du patrimoine de l'adrogé et du prix qu'il leur aurait procuré.

D'après la doctrine proculienne qui avait prévalu, les créanciers ont donc un choix possible ; ils peuvent agir soit contre l'adrogé par l'action utile, soit directement contre l'adrogeant par l'action *de peculio*. Cette dernière manière de faire mettant directement l'adrogeant en cause est la plus simple, mais est-ce à dire qu'elle était toujours préférable ? Il n'en est pas ainsi ; il y a des différences entre ces deux manières de procéder et les créanciers pourront avoir intérêt à préférer la voie de la rescision à celle que leur offrait l'action *de peculio*.

1. L. 42, Dig. *De Pecul.* XV, 1.

Tandis que l'action utile est perpétuelle, l'action *de peculio* n'est accordée que pendant une année utile à partir de la révocation du pécule [1].

Quand les créanciers de l'adrogé agissent par l'action *de peculio*, ils doivent subir le prélèvement de ce que l'adrogé doit à l'adrogeant, bien qu'il n'y ait place entre eux deux qu'à une obligation naturelle. Ulpien explique ce droit de préférence accordé au père de famille par cette considération qu'il est réputé avoir pris les devants et avoir agi le premier [2]. Ce prélèvement n'est pas à craindre quand les créanciers agissent *rescissa capitis deminutione* par l'action utile : par suite de la rescision de l'adrogation, les biens du débiteur sont regardés comme formant encore son patrimoine.

Les créanciers n'ont même pas à subir le concours de l'adrogeant sur le prix obtenu par la vente des biens. Celui-ci a perdu son droit d'action et ne peut plus se le faire restituer même si la puissance paternelle vient à cesser [3], d'autant plus que les effets de cette rescision de l'adrogation ne se produisent que dans les rapports de l'adrogé et des créanciers, mais ne libèrent pas l'adrogé de la puissance paternelle de l'adrogeant. L'adrogeant reste toujours le père de celui qu'il a adrogé ; il ne pouvait donc avoir qu'une obligation naturelle qui ne lui permettait pas de concourir avec les créanciers [4].

Si l'adrogé mourait dans la famille adoptive et en-

1. L. 2, § 5, Dig., *De cap. min.*, IV, 5 ;— L. 1, §§ 1 et 4. Dig., *Quand. de pec.*, XV, 2.

2. L. 9, § 2, Dig., *De peculio*, XV, 1.

3. L. 2, § 4, Dig., *De cap. min.*, IV, 5.

4. M. Machelard, *Obligations naturelles*.

core en puissance, les créanciers pouvaient, dans l'année du décès, exercer l'action *de peculio :* pouvaient-ils de même se servir encore de l'action utile ?

Cette action utile qui était perpétuelle pouvait bien être exercée contre les héritiers [1], mais ici nous n'en trouvons pas puisque le défunt est un fils de famille.

M. Machelard enseigne que le préteur devait traiter l'adrogeant comme s'il était réellement héritier, et autoriser au moyen d'une fiction, des actions contre celui qui jouait, quant à l'émolument, le même rôle que s'il eût été héritier [2].

3° Dettes héréditaires.

Une succession est ouverte : l'héritier fait adition, il acquiert l'actif et devient débiteur du passif. Postérieurement il se donne en adrogation ; l'actif appartient à l'adrogeant, comme lui appartient tout le patrimoine de l'adrogé, mais il semble que le passif doit rester propre à ce dernier.

Cependant on en a décidé autrement; les dettes de la succession passeront de plein droit sur la tête de l'adrogeant qui en sera tenu personnellement, et l'adrogé sera libéré [3]. Les créanciers poursuivront donc directement l'adrogeant et c'est sur tout son patrimoine qu'ils se feront payer et non plus seulement sur cette partie du patrimoine acquise à la suite de l'adrogation.

On peut voir dans l'adrogation postérieure à l'adi-

1. L. 2, § 5, Dig. *De cap. min.*, IV, 5.
2. M. Machelard, *Obligations naturelles.*
3. Gaius, III, § 84.

tion une sorte de ratification ; on traite l'adrogé comme un fils de famille qui a fait adition par l'ordre de son père ; ou mieux encore on considère l'hérédité comme formant un tout indécomposable ; celui qui acquiert l'actif est grevé du passif.

Cette manière de voir n'a pas été admise par tout le monde et certains auteurs ont voulu traiter les dettes, grevant une hérédité recueillie par l'adrogé avant l'adrogation, comme toutes les dettes ayant une cause licite : dans ce système, le texte de Gaius ne s'appliquerait qu'aux hérédités recueillies après l'adrogation : mais en présence du texte formel de Gaius « quia desinit jure civili heres esse » cette opinion ne peut être acceptée.

CHAPITRE III

RÉFORMES DE JUSTINIEN.

SECTION I

Réforme de l'adoption

Malgré les modifications successives apportées par le préteur à la théorie primitive de l'adoption, il subsistait cependant des cas où la situation de l'adopté pouvait être fort mauvaise.

L'adopté sorti de sa famille naturelle et entré dans la famille adoptive n'avait plus de droit de succession dan son ancienne famille; les nouveaux droits qu'il avait acquis, devant lui compenser ceux qu'il perdait, le préteur non plus que le droit civil n'avaient pu admettre que cet adopté ait, dans deux familles, des droits de succession : s'il venait à être émancipé par le père adoptif avant la mort du père naturel, l'adopté reprenait ses droits de succession dans sa famille naturelle, le préteur lui accordant une *bonorum possessio contra tabulas* ou *unde liberi,* suivant les cas.

Mais il pouvait se faire que l'enfant donné en adoption fût encore dans sa famille adoptive, lors du décès du père naturel, il n'avait donc rien à réclamer dans cette succession, ni d'après le droit civil, ni d'après le droit prétorien : plus tard, le père adoptif l'émancipait; cette fois encore, il perdait tout droit de succession dans la famille adoptive, mais cette émancipation tardive ne lui faisait pas recouvrer les droits qu'il aurait pu exercer dans sa famille naturelle, s'il avait été émancipé plus tôt. Cette succession, en effet, était réglée, les parts faites et il ne pouvait être à la discrétion de l'adoptant de tout remettre en question.

Voilà donc un fils qui, après avoir eu des espérances dans deux successions, va se trouver privé des deux héritages sans recours possible.

Justinien voulut combler cette lacune, et pour cela, il distingua deux sortes d'adoption produisant des effets plus ou moins complets, suivant que l'adoptant était un ascendant ou un *extraneus* ; ces deux espèces d'adoption sont nommées par les interprètes, *adoptio plena* et *adoptio minus plena*.

Le principe, c'est que l'adoption est *minus plena* ; l'enfant donné en adoption restera dans sa famille naturelle ; ce n'est qu'exceptionnellement qu'il en sera autrement. Ces réformes sont contenues dans une constitution qui est la loi 10 au Code *De adoptionibus*, VIII, 48.

L'adoptant est un *extraneus*, et l'adopté est actuellement placé sous la puissance immédiate du père de famille. Nous trouvons dans cette hypothèse l'application du nouveau principe : l'enfant donné en adoption reste dans sa famille, il y conserve tous ses droits ; l'effet principal et presque unique de cette adoption est de donner à l'adopté un droit de succession ab intestat vis-à-vis de l'adoptant.

L'adopté vient comme héritier légitime, mais son droit n'existe que dans la succession ab intestat ; si l'adoptant a fait un testament, ce droit s'évanouit ; il n'est pas besoin d'instituer ou d'exhéréder cet adopté ;

il suffit de l'omettre : de même encore il voit s'évanouir ses droits héréditaires en cas d'émancipation [1].

L'adopté n'entrant pas dans la famille de l'adoptant, il ne devenait pas l'agnat des agnats du père adoptif et n'avait aucun droit dans leur succession.

Les règles qui, dans la théorie primitive de l'adoption, donnaient à l'adoptant la puissance paternelle, l'obligeaient à instituer l'adopté ou à l'exhéréder comme un enfant issu d'un légitime mariage, lui accordaient l'administration et la jouissance des biens adventices ; toutes ces règles n'existent plus et pour tous ces points l'adoption est réputée n'avoir pas eu lieu.

De même encore la quarte sabinienne accordée autrefois à l'adopté *ex tribus maribus* est supprimée; elle n'a plus d'objet depuis que l'adopté ne sort plus de sa famille naturelle ; le péril qu'elle devait écarter n'existe plus [2].

Cependant, malgré ces restrictions, l'adopté continue de prendre le nom de l'adoptant, et il est à croire aussi que, quoique n'entrant plus dans la famille adoptive, il résultait pour lui de l'adoption des empêchements au mariage semblables à ceux qui existaient déjà par le passé.

Cette règle, qu'en principe l'adopté reste dans sa famille naturelle et n'entre plus dans la famille de l'adoptant, souffre deux sortes d'exceptions.

Ces exceptions se rencontrent, d'abord si l'adoption est faite par un ascendant de l'adopté, ensuite, si l'adoptant étant un *extraneus*, l'adopté n'est pas sous la puissance immédiate de celui qui le donne en adop-

1. L. 10, §§ 1 et 2, C. *De adopt.*, VIII, 48.
2. L. 10, § 3, C. *De adopt.*, VIII, 48.

tion; c'est dans ces cas que se rencontre ce que les interprètes ont appelé : *adoptio plena*.

L'adoptant est un ascendant de l'adopté ; et d'abord peut-il se faire que l'adoption ait lieu dans ces conditions ? Oui et voici comment : l'adoptant peut être un ascendant maternel ; le descendant n'est pas en sa puissance. L'adoptant peut être aussi un ascendant paternel : ceci se présentera si l'enfant né ou conçu antérieurement à l'émancipation de son père et resté sous la puissance de son aïeul paternel est donné par cet aïeul en adoption au fils émancipé ; c'est-à-dire, que l'enfant est adopté par son père naturel. Il en sera de même si l'enfant conçu postérieurement à l'émancipation de son père et en conséquence né sous sa puissance est donné en adoption à l'aïeul émancipateur.

Dans ces trois cas d'adoption par un ascendant naturel, nous trouvons exception à la règle nouvelle que l'adopté ne sort plus de sa famille : dans ces trois cas, l'adoption conserve ses anciens effets et l'adopté passe sous la puissance de l'adoptant comme cela aurait eu lieu autrefois :

Cette exception au principe posé par Justinien est fondée, au moins dans deux des cas où l'adoption est faite par un ascendant naturel, sur ce que les droits de l'enfant donné en adoption sont suffisamment protégés : nous avons vu en effet que le préteur lui accorde dans la succession du père ou de l'aïeul qui l'a donné en adoption, et bien qu'il soit resté dans la famille adoptive, une *bonorum possessio contra tabulas* ou *unde liberi* suivant les cas, par cette raison qu'il n'était pas entré dans une nouvelle famille : « quasi non sit in aliena familia[1]. »

1. L. 3, § 7 et 8, L. 21, § 1, *De bon. possess. cont., tab.*, XXXVII, 4.

Mais dans l'hypothèse où l'adoption est faite par un ascendant maternel, le maintien par Justinien des anciens effets de l'adoption se comprend moins.

Si l'ascendant maternel adoptant émancipe l'adopté après la mort du père naturel, le même péril pour l'adopté se retrouve que dans l'adoption du droit classique : ici encore, après avoir eu des droits éventuels dans deux successions, l'enfant donné en adoption se trouve n'avoir effectivement aucun droit dans les deux. La seule justification de la règle nouvelle, c'est qu'il est à présumer que cet ascendant naturel, par affection pour l'adopté qui lui est uni par les liens du sang, ne l'émancipera pas à la légère, mais c'est là faire grand fondement sur l'affection présumée de l'ascendant : c'est une raison de sentiment et non un motif juridique, qui a dicté la solution de l'empereur : c'est cependant la seule explication que les interprètes aient donnée.

Au reste, ce danger disparut à la suite de la Novelle CXVIII, qui appelle, à la succession des ascendants, tous les descendants sans distinguer entre les descendants par les mâles et les descendants par les femmes.

Outre cette série d'hypothèses, il est un autre cas où Justinien maintient l'ancien effet de l'adoption ; c'est encore un cas d'*adoptio plena*, suivant l'expression des commentateurs. Cela se présente lorsque l'enfant donné en adoption à un *extraneus* n'est pas sous la puissance immédiate de celui qui le donne en adoption [1]. Cependant cette solution n'est pas absolue et pour connaître les effets de cette adoption, il faut

1. L. 10, § 4, C. *De adopt.*, VIII, 48.

faire une distinction. Si le père de l'adopté meurt avant l'aïeul, l'adoption sera *minus plena*, c'est-à-dire qu'elle ne produira pas les effets qu'elle produisait dans l'ancien droit, l'adopté restera dans sa famille naturelle et cela pour que cet enfant donné en adoption ne perde pas ses droits à la succession de l'aïeul naturel. Si, au contraire, c'est l'aïeul qui meurt le premier, le père de l'adopté prend la succession et l'adopté n'ayant, quant à cette succession qui ne doit pas lui échoir, aucun intérêt à rester dans sa famille naturelle, passe comme autrefois sous la puissance de l'adoptant ; sortant de sa famille naturelle, il entre dans la famille adoptive, l'adoption est *plena*.

Justinien a pensé par là sauvegarder les droits de l'adopté, mais il ne s'est placé qu'au point de vue de la succession de l'aïeul : et en cela on peut dire qu'il a manqué de prévoyance.

Il peut se faire, en effet, que l'aïeul mourant le premier le père lui succède, l'adopté entre alors dans la famille adoptive et perd ses droits de succession dans sa famille naturelle : mais ensuite le père naturel meurt, l'adopté étant encore dans la famille adoptive, l'adopté ne vient pas dans ces conditions à la succession de son père : postérieurement à la mort du père, il est émancipé par l'adoptant et perd ses droits de succession dans la famille adoptive. L'adopté se retrouve donc encore dans cette situation fâcheuse qui lui était faite par le droit classique et que Justinien avait voulu modifier par sa réforme.

En outre ce système prête encore à d'autres critiques: la situation de l'adopté est *in pendenti*. Qui aura la puissance paternelle, les droits de jouissance sur les biens adventices, on ne le saura qu'à la mort du père ou de l'aïeul, puisque selon que l'un ou l'autre décédera le premier, l'adoption produira ou non tous ses effets. Il en est de même pour les droits de succession de l'adopté dans sa famille adoptive. L'adoptant meurt avant le père et l'aïeul ne laissant rien à l'adopté dans son testament ; celui-ci sera-t-il admis à le critiquer? On n'en sait rien pour le moment; si l'aïeul meurt le premier, l'adoption ayant été *plena*, l'adopté pourra critiquer le testament de l'adoptant : si, au contraire, c'est le père qui décède le premier, l'adopté n'aura rien à dire, l'adoption ayant été *minus plena*. Comme elle ne l'a pas fait sortir de sa famille naturelle, elle n'a pu lui donner vis-à-vis de l'adoptant que des droits de succession ab intestat.

Et cette difficulté se rencontre encore dans la succession des agnats des deux familles, l'adopté étant ou n'étant pas leur agnat, suivant que l'adoption aura produit ou non tous ses effets.

Il y a donc là une sorte de paternité, de parenté conditionnelle contraire aux principes et qui, le cas échéant, peut causer de graves embarras.

A part ces critiques, la réforme de Justinien a certainement réalisé un grand progrès; elle sauvegarde, dans les cas les plus nombreux, les droits de l'enfant donné en adoption et empêche les résultats choquants qui provenaient des anciennes règles : de plus, en assurant les droits de succession de l'enfant dans sa famille naturelle, elle est en harmonie avec l'idée de la famille qui s'était fait jour depuis longtemps et c'est avec raison que l'empereur place les rapports de parenté naturelle avant les rapports de parenté civile.

Les inconvénients que présentait pour l'enfant, au cas d'adoption *plena* ou d'adrogation, la sortie complète de la famille naturelle disparurent à la suite de la Novelle CXVIII. Justinien appelle en premier ordre, à la succession, les descendants du défunt et cela sans distinction.

De la généralité des termes de la Novelle *cujuslibet naturæ aut gradus*, il résulte que l'enfant, qui est entré dans une nouvelle famille, conserve néanmoins ses droits dans la succession de son père naturel.

Il paraît probable que l'adrogé ou le *plene adoptatus* conserve ses droits de succession par rapport aux autres parents naturels, et que réciproquement ceux-ci restent habiles à lui succéder en concours avec les parents adoptifs de même qualité ou de même degré [1].

SECTION II

Réforme de l'adrogation

Les modifications que Justinien apporta à l'ancienne théorie de l'adrogation furent moins profondes que celles que nous lui avons vues apporter à l'adoption.

En ce qui touche l'état des personnes, les règles primitives ne furent pas modifiées, l'adrogation continue à donner à l'adrogeant la puissance paternelle, à la différence de ce qui se passe pour l'adoption et cette différence se comprend, l'adrogation étant un acte volontaire [2].

1. M. Accarias, *Précis de droit romain*, II, p. 139, note 2. N° 469.
2. L. 10, § 5, C. *De adopt.*, VIII, 48.

La réforme ne porta que sur l'acquisition du patrimoine de l'adrogé par l'adrogeant ; et pour l'étudier, nous distinguerons, comme nous l'avons déjà fait, entre l'actif et le passif de l'adrogé.

§ 1er. — *Actif de l'adrogé.*

D'après les règles anciennes, l'adrogeant acquérait tout le patrimoine de l'adrogé, sauf cependant les biens pouvant former un pécule castrense ou un pécule quasi-castrense : cette acquisition était absolue et définitive ; prenant la place du père naturel, en ayant les charges, l'adrogeant devait aussi en avoir les droits. Dans la réforme de Justinien les règles sont différentes ; le fils de famille peut être propriétaire ; outre le pécule castrense et le pécule quasi-castrense, il a la nue propriété des biens adventices, dont le père naturel n'a que l'usufruit.

De ses anciens pouvoirs si étendus sur les biens de son fils, le père de famille n'ayant conservé qu'un droit d'usufruit, les droits de l'adrogeant ne pouvaient être plus étendus et c'est ce que Jutinien nous apprend [1] : l'adrogeant n'acquiert plus que l'usufruit des biens de l'adrogé et encore faut-il de ces biens exclure le pécule castrense et le pécule quasi-castrense qui restent en toute propriété au fils de famille à l'égard de l'adrogeant comme ils lui seraient restés vis-à-vis de son père naturel.

Mais si, à ce point de vue, les droits de l'adrogeant sont diminués par la réforme de Justinien, ils sont augmentés à d'autres égards. Il est des droits qui,

1. Inst. III, 10, § 2, *De adquisit. per adrogat.*

alors qu'ils s'éteignaient autrefois à la suite d'une adrogation, lui survivent maintenant, je veux parler des droits d'usufruit et d'usage appartenant à l'adrogé : l'adrogeant les acquiert : ces droits reposeront sur deux têtes et demeureront au profit du dernier mourant, soit l'adrogeant, soit l'adrogé [1].

L'adrogé mourant dans la famille adoptive, ses biens adventices appartenaient autrefois au père adoptif, *jure peculii*, comme ils auraient appartenu au père naturel : ces biens sous Justinen iront encore à l'adrogeant, mais ce n'est plus *jure peculii* qu'il les prendra ; il les aura comme héritier et à condition que l'adrogé ne laissera ni descendants, ni frères, ni sœurs [2].

§ 2. — *Passif de l'adrogé.*

En ce qui touche les dettes résultant de délits, nous ne rencontrons pas de modifications au droit ancien : elles restaient autrefois à la charge de l'adrogé, la *capitis deminutio minima* ne les éteignant pas ; il en sera de même sous Justinien avec cette différence toutefois que les créanciers trouveront un débiteur qui peut avoir des biens, l'adrogeant n'acquérant plus que l'usufruit des biens de l'adrogé.

Pour les dettes résultant d'une hérédité recueillie par l'adrogé avant l'adrogation, on avait donné une solution spéciale, l'adrogeant en était tenu même sur ses propres biens [3] ; nous ne retrouvons plus cette

1. Instit. III, 4, § 3, *De usufructu*.— III, 10, § 1, *De adquisit. per adr.* L. 16, § 2 ; L. 17 C. *De usufructu et habit.*, III, 33.

2. Instit. III, 10, § 2, *De adquisit. per adrog.* ; — L. 11, C. *comm. de success.* VI, 59.

3. Gaius, III, § 84.

règle aux Institutes ; le texte ne renferme plus la distinction que faisait Gaius entre ces dettes et les dettes contractuelles : on doit en conclure que la règle est désormais la même pour ces deux sortes de dettes [1].

Du reste, pour ces dettes contractuelles, Justinien n'opéra pas de grandes réformes ; il permet de poursuivre l'adrogeant au nom de son fils « nomine filii convenietur : » mais cela ne se comprend guère puisque la propriété des biens de l'adrogé ne passe plus à l'adrogeant et qu'il n'en a que l'usufruit.

Si l'adrogeant se refuse au rôle de défendeur, ce n'est plus *per universitatem,* mais en détail, selon la règle générale de la procédure extraordinaire, que les créanciers procéderont à la vente des biens [2].

1. Instit. III, 10, § 3, *De adq. per adrog.*
2. M. Accarias, *Précis de Droit romain*, II, no 478.

CHAPITRE IV

ADROGATION DES IMPUBÈRES

Cette adrogation fut longtemps inconnue à Rome et cela pour deux raisons.

D'abord on ne voulait pas que les tuteurs en l'autorisant pussent facilement se débarrasser de la tutelle : on craignait que, désireux de se décharger d'un fardeau, peut-être embarrassant, ils ne permissent trop facilement à l'adrogation de leurs pupilles[1].

L'autre raison était tirée de la procédure de l'adrogation ; comme elle se faisait dans les comices et que les impubères en étaient exclus, ils ne pouvaient être adrogés. Cette raison perdit toute sa force quand les curies furent remplacées par des licteurs, mais la première subsistait et elle était valable.

Cette prohibition absolue pouvait avoir des inconvénients pour l'impubère ; il aurait pu lui être avantageux d'être adrogé par un homme plus riche que lui : dans ces conditions, elle était quelquefois permise, mais à titre exceptionnel. Ce fut un rescrit de l'empereur Antonin, adressé, comme nous le dit Gaius, au Collège des pontifes, qui permit cette adrogation de façon générale, en l'entourant de précautions et de garanties, de telle sorte qu'elle ne put servir à frustrer l'impubère[2].

1. L. 17, § 1, Dig. *De Adopt.* I, 7.

2. Instit. I, 11, § 3, *De Adopt.* — Gaius, I, § 102 ; — Ulp. Reg. VIII, § 5. — L. 17, Dig. *De adopt.*, I, 7.

L'enquête qui précède toute adrogation sera plus sévère encore et plus rigoureuse que dans les autres cas.

L'autorisation du tuteur est nécessaire, le pupille ne pouvant faire sa condition pire *sine auctoritate tutoris*. S'il y a plusieurs tuteurs, l'adrogation ne peut avoir lieu sans l'*auctoritas* de tous [1] : en outre, les proches parents de l'impubère doivent être consultés [2]. Enfin des précautions avaient été prises pour sauvegarder non seulement les intérêts de l'impubère, mais encore les intérêts de ses ayants droit.

Voilà, rapidement exposées, les conditions auxquelles l'adrogation des impubères était soumise, voyons les effets qu'elle pouvait produire ; pour les exposer plus facilement, les interprètes ont distingué quatre hypothèses.

1° L'adrogé encore impubère meurt dans la famille de l'adrogeant.

Si l'adrogé avait été, lors de l'adrogation, un homme *sui juris* pubère, sa fortune serait entrée dans le patrimoine de l'adrogeant et y serait restée, les biens de l'adrogé appartenant au père de famille comme ceux d'un fils naturel.

Cette solution parut trop rigoureuse quand l'adrogé était un impubère, et on admit qu'à sa mort sa fortune appartiendrait à ceux qui auraient pu la réclamer, s'il n'y avait pas eu d'adrogation : c'étaient les membres de la famille naturelle de l'impubère qui venaient comme héritiers ab intestat. Ce pouvait même être des héritiers testamentaires au cas où une substitution pupillaire avait été faite par le père naturel.

1. L. 5, C. *De auctor. præst.* V, 59.
2. L. 2, *C. De adopt.* VIII, 48.

Pour fournir à ces héritiers une action qu'ils n'avaient pas, l'adrogeant étant devenu véritablement propriétaire de ces biens, on usa d'un détour.

L'adrogeant s'engage à rendre les biens au décès de l'adrogé mort impubère et par là il fournit aux héritiers une action *ex stipulatu* contre lui et contre ses propres héritiers. Mais ici se présentait une difficulté: l'adrogeant promettait, mais qui devait stipuler? C'était à ceux qui pouvaient prétendre aux biens de l'adrogé mort impubère à stipuler ; mais à l'époque de l'adrogation, ces héritiers étaient inconnus : ceux qui étaient substitués pupillairement pouvaient, lors de l'ouverture de la succession, être morts ou incapables ; les héritiers pouvaient n'être pas encore nés ; on ne trouvait donc personne qui pût stipuler de l'adrogeant la restitution des biens de l'adrogé ; les stipulations pour autrui étant interdites [1].

Ce fut pour tourner ces difficultés qu'on imagina le moyen suivant : ces héritiers futurs furent représentés par un *servus publicus*. On admit que, de même que l'esclave peut stipuler pour son maître ou pour l'un d'eux s'il en a plusieurs [2], le *servus publicus*, considéré comme l'esclave de tous les citoyens, pouvait stipuler pour ces héritiers.

Nous trouvons là une double dérogation aux principes et d'abord le *servus publicus* était l'esclave du peuple romain considéré comme personne morale, et non pas l'esclave des citoyens ; de plus on permettait à ce *servus publicus* de stipuler pour une personne indéterminée et qui peut-être n'existait pas

1. Instit. III, 19. § 4, *De inut. stip.*
2. Instit. III, 17, § 3, *De stip. serv.*

encore. Quelle que fût la valeur du moyen employé, le résultat était juste et équitable et on s'y arrêta.

Le *servus publicus* stipulait donc de l'adrogeant la restitution des biens de l'adrogé impubère au profit de ceux qui eussent été les héritiers de cet impubère sans l'adrogation : ainsi naissait au profit de ces héritiers une action *ex stipulatu* utile qu'ils pouvaient exercer soit contre l'adrogeant, soit contre ses héritiers, si l'adrogé lui avait survécu [1]. Cette promesse de l'adrogeant devait être garantie par une caution [2].

Nous venons de dire que l'impubère adrogé pouvait avoir des héritiers testamentaires : ces héritiers seront ceux que le père naturel, usant du droit qu'il a de tester pour son fils impubère, lui aura donnés. Suivant les principes, par l'entrée de l'impubère dans une nouvelle famille, cette substitution aurait dû s'évanouir ; mais l'adrogeant s'étant engagé, si l'adrogé mourait impubère, à rendre les biens qu'il avait apportés à ceux qui y auraient eu droit, sans l'adrogation ; grâce à cette promesse, on laissa la substitution pupillaire faite par le père naturel produire son effet.

Contrairement au principe que la vocation du substitué s'étend à tous les biens de l'impubère [3], ce substitué n'a droit qu'aux biens qui viennent à l'adrogé de son père naturel.

De même si l'adrogeant meurt laissant dans sa famille l'adrogé encore impubère, il peut, comme tout père de famille, faire une substitution pupillaire : ici

1. L. 18, L. 22, pr., Dig. *De adopt.* I, 7 ; — L. 40, Dig. *De vulg. et pup. subst.*, XXVIII. 6.

2. L. 19, pr. et § 1. Dig. *De adopt.*, I, 7.

3. Instit. II, 16, § 4, *De pupill. substit.* ; — L. 10, § 5, Dig., *De vulg. et pup. subst.* XXVIII, 6.

encore le substitué n'a droit qu'aux biens qui viennent de l'adrogeant et la solution est la même que le père naturel ait ou non fait une substitution.

Mais si le père naturel ayant fait une substitution, l'adrogeant n'en fait pas, dans ce cas le substitué donné par le père naturel ne recueillera-t-il pas tous les biens de l'adrogé, même ceux qui viennent de l'adrogeant ? On résout la question par une distinction. Si l'adrogé devient *sui juris* par la mort de l'adrogeant, restant dans la famille adoptive, les biens qui viennent de l'adrogeant doivent, à la mort de l'adrogé, aller à ses agnats, c'est-à-dire aux membres de sa nouvelle famille. La vocation du substitué donné par le père naturel s'étendra, au contraire, à tous les biens, même à ceux qui viennent de l'adrogeant, si c'est par une émancipation que l'adrogé est devenu *sui juris*.

On comprend la substitution pupillaire faite par l'adrogeant s'il meurt laissant la succession à l'adrogé encore impubère : mais que faut-il décider s'il exhérède l'adrogé : en cas d'exhérédation l'adrogé a droit a une quarte appelée la quarte Antonine : le substitué donné par le père adoptif peut-il la réclamer ? Ce qui fait naître la difficulté, c'est qu'on admet que cette quarte est une dette de la succession et non un droit héréditaire : on peut dès lors se demander à quel titre l'adrogeant donnerait à l'adrogé, quant à cette quarte, un substitué. Cependant on admit la possibilité de cette substitution afin que l'impubère ne courût pas le risque de mourir intestat [1].

Justinien ne modifia guère cet état de choses ; il

1. L. 22, § 1, Dig., *De adopt.* I, 7 ; — L. 10, § 6, Dig., *De vulg. et pup. subst.*, XXVIII, 6.

remplaça le *servus publicus*, qui devait recevoir la promesse de restitution de l'adrogeant, par un *tabularius* qui était nécessairement un homme libre [1]. C'était là une dérogation encore plus complète aux principes ; cependant on conserva cette manière de faire à cause de ses résultats pratiques.

Bien que l'adrogeant n'acquiert plus la propriété des biens de l'adrogé, la promesse de restitution conserve son utilité. D'abord elle empêche l'adrogeant de recueillir, le cas échéant, la succession des biens de l'adrogé ; d'autre part, elle fait obstacle à ce qu'il garde la jouissance des biens de l'adrogé après sa mort ou son émancipation et à ce titre elle remplace la promesse imposée à tout usufruitier de restituer ce qui restera de la chose à l'époque de l'extinction de l'usufruit.

2° L'adrogeant émancipe l'adrogé encore impubère.

Si l'émancipation a eu lieu *cognita causa*, l'adrogé émancipé recouvre tous ses biens, non seulement ceux qu'il possédait en entrant dans la famille adoptive, mais encore ceux qu'il a fait acquérir à l'adrogeant : il a pour les réclamer une *condictio ex lege* [2]. On veut que même dans ce cas où l'adrogeant peut avoir à se plaindre de l'adrogé le passage de ce dernier dans une famille étrangère ne lui cause aucune perte [3].

Que si au contraire l'émancipation n'a pas eu lieu pour une cause sérieuse, si elle n'a pas été soumise à l'appréciation du magistrat, ici encore l'adrogé reprend tous ses biens ; mais là ne s'arrête pas la protection

1. C. 3 L. *De tabul.*, X, 69.
2. L. unic. Dig., *De cond. ex lege*, XIII, 2.
3. Inst. I, 11, § 3, *De adopt.*

que la loi lui accorde. Il est vraisemblable que, par l'adrogation, l'adrogé a eu en vue d'augmenter son patrimoine de la succession de l'adrogeant et le législateur ne veut pas que cette légitime espérance soit frustrée sans motifs plausibles.

Dans ces conditions, et l'émancipation ayant été faite sans cause sérieuse, Antonin le Pieux, qui autorisa d'une façon générale, l'adrogation des impubères, établit que l'adrogé aurait, malgré l'émancipation, un droit éventuel au quart de ce qu'il aurait recueilli dans la succession de l'adrogeant ; c'est ce qu'on appelle la quarte Antonine.

Par quelle action l'adrogé émancipé pourra-t-il réclamer cette quarte ? Ulpien considère cette quarte, non comme un droit héréditaire, mais comme une dette de la succession[1] ; cette dette a pour objet le quart en nature et non pas en valeur des biens qu'aurait eu l'adrogé resté dans sa famille et venant à la succession comme héritier : cette quarte ayant pour objet des biens en nature, on donne à l'adrogé une action en partage ; c'est l'action *familiæ erciscundæ ;* mais ce sera une action utile, car, en réalité, cet adrogé n'est pas héritier ni en vertu du droit civil, ni en vertu du droit prétorien[2].

Si l'adrogé émancipé meurt avant l'adrogeant, il n'a jamais eu droit à la quarte, les héritiers ne pourront donc la réclamer ; dans le cas contraire ce droit passe aux héritiers de l'adrogé même s'il n'avait pas manifesté l'intention de l'exercer[3].

1. L. 8, § 15, Dig. *De inoffic. test.* V, 2.
2. L. 2, § 1, Dig. *Famil. erc̈isc.* X, 2.
3. L. 1, § 21, Dig., *De collat.* XXXVII, 6.

3° L'adrogé est encore impubère, il est resté en puissance et l'adrogeant l'exhérède.

L'adrogé peut ici sans distinction réclamer et ses biens personnels et la quarte Antonine [1]:

S'il avait de justes motifs d'exhérédation, le père n'avait qu'à l'émanciper et cette émancipation faite *cognita causa* eût privé l'adrogé de la quarte.

On peut remarquer que cet adrogé impubère exhérédé est à la fois mieux et plus mal traité qu'un enfant ordinaire.

S'il est exhérédé justement il a droit à la quarte tandis qu'un autre enfant n'aurait rien eu ; que si au contraire l'exhérédation n'est pas justifiée, tandis qu'un enfant ordinaire par la *querela inofficiosi testamenti* pourrait obtenir toute sa part, l'adrogé impubère n'aura encore que sa quarte.

Dans les deux cas où l'adrogé impubère a droit à la quarte Antonine, c'est-à-dire s'il est émancipé sans juste cause ou exhérédé, un danger pouvait se présenter pour lui. Il était à craindre que l'adrogeant ne voulant pas laisser à l'adrogé ce à quoi il avait droit ne dissipât son patrimoine de telle façon que le droit à la quarte fût réduit à rien.

Cette quarte en effet ne se calculait pas sur les biens de l'adrogeant au jour de l'émancipation ou de l'exhérédation, mais sur ceux qu'il laissait à son décès. Pour parer à ce danger on accorda à l'adrogé le moyen de faire révoquer ces aliénations faites en fraude de son droit : il pourra agir par une action *quasi calvisiana* ou *quasi faviana* semblables à celles que l'on

1. Instit. I, 11, § 3, *De adopt.* — L. 8, § 15, Dig., *De inoff. test.* V, 2.

donne au patron à l'égard des aliénations faites par son affranchi[1].

4° L'adrogé arrive à la puberté étant encore en puissance.

A cette époque l'adrogeant et ses cautions sont libérés : l'adrogé est réputé être entré pubère dans la famille de l'adrogeant et les précautions établies pour le protéger deviennent inutiles. Cependant même alors il reste à l'adrogé une dernière ressource : s'il trouve que l'adrogation lui a été nuisible en quelque chose, ou même simplement sans établir de préjudice, s'il trouve qu'elle ne lui est pas avantageuse, il peut réclamer du magistrat son émancipation.

Si le magistrat admet les raisons alléguées l'adrogé recouvre son ancienne condition et reprend tous ses biens[2]. Si elles sont repoussées ou si l'adrogé n'a pas demandé cette émancipation, il se trouve désormais dans la situation d'un adrogé quelconque.

1. L. 13, Dig., *Si quid in fraud.*, XXXVIII, 5.
2. L. 32, pr. L. 33, Dig., *De adopt.*, I, 7.

DROIT FRANÇAIS

NOM COMMERCIAL

NOTIONS PRÉLIMINAIRES

Le commerçant et l'industriel, sans faire de ces inventions qui permettent de prendre un brevet, peuvent cependant acquérir une certaine réputation grâce à la perfection des produits par eux mis en vente. Pour les faire reconnaître du consommateur, ils apposeront sur ces produits une marque destinée à en indiquer la provenance : c'est ce qu'on entend par la marque de fabrique ou de commerce.

Cette marque constitue une signature et, à ce titre, elle devait être protégée par la loi contre les usurpations.

L'importance de cette matière s'est développée avec l'accroissement de l'industrie et la facilité des communications : on trouve maintenant sur les marchés des produits d'origine très éloignée, la marque les fait reconnaître.

Les marques de fabrique et de commerce sont de deux sortes : ce peut être un signe emblématique, c'est ce qu'on entend proprement par marque ; ou bien simplement le nom du commerçant ou du fabricant, cette marque s'appelle le nom commercial et c'est celle dont nous nous occuperons particulièrement.

Le nom commercial, la marque nominale, est aujourd'hui protégée par la loi du 28 juillet 1824 ; la marque emblématique par la loi du 23 juin 1857, mais ce n'est qu'après bien des essais, après l'abandon complet de l'ancienne législation que fut établie la réglementation actuelle de cette matière.

Sous l'ancienne monarchie, la marque de fabrique et de commerce, telle que nous l'entendons aujourd'hui, n'existait pas.

« Avant 1789, nous dit l'exposé des motifs de la loi du 23 juin 1857, une multitude de métiers étaient assujettis à l'obligation de la marque. Mais la marque n'était pas alors ce qu'elle est généralement aujourd'hui, la simple signature du fabricant ou du commerçant, sur l'objet de sa fabrication ou de son commerce; elle était de plus le certificat de l'autorité publique touchant la qualité des produits, son origine, son poids, etc... Le gouvernement fixait pour chaque nature de produits, l'espèce, la qualité et le poids des matières, il déterminait les conditions de la fabrication, il inspectait même les opérations de la main-d'œuvre. Puis vérifiant la conformité du produit avec le type réglementaire il y apposait son estampille, qui prenait ainsi le caractère d'une garantie publique.

» Cette mise en tutelle de l'industrie nationale et des consommateurs avait pour sanction une pénalité très sévère. »

Longtemps avant la Révolution des plaintes nombreuses s'étaient élevées contre les corporations ; on leur reprochait les entraves qu'elles apportaient au travail et à diverses reprises des réformes partielles avaient été tentées. Mais ces modifications ne remédiaient guère au mal et laissaient subsister un état de choses condamné depuis longtemps.

Les cahiers du Tiers aux États Généraux de 1614 contiennent des remontrances à ce sujet.

Le Tiers demandait que toutes maîtrises de métiers érigées depuis les États de Blois fussent éteintes sans pouvoir être remises plus tard, ni aucune autres établies de nouveau [1].

Colbert qui contribua tant au développement du commerce et de l'industrie en France regrettait l'existence de tous ces règlements de corporation : son testament politique ne nous laisse aucun doute sur sa pensée à cet égard. « La rigueur qu'on tient dans la plupart des grandes villes du royaume pour recevoir un marchand est un abus qu'il y a intérêt à corriger, car il empêche que beaucoup de gens se jettent dans le commerce, où ils réussiraient mieux bien souvent que ceux qui y sont. Quelle nécessité y a-t-il qu'un homme fasse apprentissage ? Cela ne saurait être bon tout au plus que pour les ouvriers afin qu'ils n'entreprennent point un métier qu'ils ne savent pas, mais les autres pourquoi leur faire perdre leur temps ?... Je crois donc que quand Votre Majesté ferait une ordonnance par laquelle Elle supprimerait tous les règlements faits jusqu'ici à cet égard, Elle n'en ferait pas plus mal [2]. »

Les choses cependant restèrent en l'état longtemps encore, et c'est à Turgot que revient l'honneur d'avoir tenté le premier de mettre en pratique les recommandations de Colbert.

1. Forbonnais, *Considérations sur les finances*, I, p. 149.

2. Colbert, *Testament politique*, ch. 15.

Par un édit du mois de février 1776, Louis XVI abolissait les corporations de métiers. Cette réforme suscita les récriminations les plus violentes, dont le Parlement se fit l'écho ; aussi après la chute de Turgot, en août 1776, un édit rétablit-il, mais avec des modifications nombreuses, le système des corporations. Les améliorations réalisées par ces modifications étaient insuffisantes, et des réformes plus radicales s'imposaient au législateur.

Le 5 mai 1779 des lettres patentes de Marly-le-Roi modifièrent les règlements pour la fabrication des tissus ; sauf cependant pour ceux dans la fabrication desquels il entrait des matières d'or ou d'argent.

Il fut permis aux fabricants de s'écarter des règles anciennes sans encourir les châtiments infligés autrefois à ces infractions. Mais les seuls produits fabriqués en conformité des anciens règlements portèrent le mot « réglé » certificat de leur origine et de la vérification dont ils avaient été l'objet.

Ce mot « réglé » ne figurait pas sur les étoffes fabriquées conformément à la latitude accordée par les lettres patentes et ce fut pour ces produits une cause de discrédit.

La Révolution qui abolissait tous les privilèges ne pouvait laisser subsister ceux des corporations : ils furent supprimés par la loi du 2 mars 1791.

Cette loi établit la liberté du commerce, mais la réglementation excessive fit place à un autre mal. On put désormais produire et mettre en vente librement ; la marque obligatoire apposée par les inspecteurs fut abolie et la marque n'indiqua plus que la provenance des produits, mais aucune loi ne la protégea contre les usurpations. Le commerçant ou l'industriel lésé n'avait pour toute protection qu'une action en dommages-intérêts contre l'usurpateur et encore devait-il prouver que la marque lui appartenait réellement.

« Sous l'ancien régime, disait le rapporteur du projet de loi sur les marques présenté en 1847, le patronage s'était transformé en oppression, la tutelle en servitude ; sous le régime nouveau la liberté ne tarda pas à dégénérer en licence. »

Les choses restèrent ainsi un certain temps et M. Dupin, dans un rapport présenté à la Chambre des Pairs en 1845, en donne une raison judicieuse. « Sous le gouvernement égalitaire du Comité de salut public et de la Convention, disait-il, nul manufacturier n'aurait osé réclamer la possession d'une marque distinctive : on eût regardé sa demande comme une prétention au privilège. S'il eût allégué la prééminence de ses produits, on l'eût traité comme un ennemi de l'égalité : la persécution l'eût puni comme coupable d'aristocratie industrielle. »

Cependant des abus criants se produisaient et quand le calme commença à renaître, on comprit la nécessité d'y porter remède.

Nous trouvons d'abord un arrêté du 23 nivôse an IX relatif à la marque des ouvrages de quincaillerie et de coutellerie : cet arrêté assurait aux fabricants la propriété de leur marque moyennant un dépôt à la sous-préfecture, mais il ne contenait pas de dispositions pénales ; la sanction fut établie par un décret du 5 septembre 1810.

Puis vient la loi du 22 germinal an XI, relative aux

manufactures, fabriques et ateliers. Cette loi contient dans son titre quatrième des dispositions touchant les marques particulières.

Pour que ces marques soient protégées, l'article 18 impose le dépôt préalable d'un modèle au greffe du tribunal de commerce d'où relève le chef-lieu de la manufacture ou de l'atelier. Ceci fut modifié par un décret du 16 juin 1809 qui exigea que le dépôt ait lieu au Conseil des prud'hommes en outre de celui déjà fait au greffe du tribunal de commerce.

Les articles 16 et 17 de la loi de germinal établissent les peines dont seront frappés les contrefacteurs et à quelles conditions on sera réputé l'être. Les dispositions contenues dans ces deux articles, quoique réalisant un progrès, ont donné prise à une double critique. Et d'abord la définition de la contrefaçon fournie par l'art. 17 est beaucoup trop étroite et on y échappait par toutes sortes de fraudes. D'autre part, les peines qui atteignaient les contrefacteurs étaient des peines criminelles qui, le plus souvent, étaient bien au-dessus de la faute. La sévérité même de cette pénalité révèle l'intensité du mal qu'on voulait combattre, mais le but poursuivi était manqué car le plus souvent on n'osait punir le contrefacteur.

Ceci est constaté par M. Chaptal, rapporteur de la loi du 28 juillet 1824 à la chambre des Pairs; et il ajoutait : « que toujours la peine doit être proportionnée au délit et qu'il est un sentiment naturel plus fort que l'intérêt personnel et antérieur à toutes les lois, qui repousse tout ce qui n'est pas juste. »

La loi de l'an XI présentait une autre lacune; punissant de peines trop sévères le contrefacteur de la marque d'autrui, elle laissait impuni celui qui sciemment vendait les objets revêtus d'une marque contrefaite.

Pour les marques emblématiques on ne remédia à cette situation qu'en 1857 par la loi du 23 juin ; mais pour la marque nominale, pour le nom commercial, qui désormais nous occupera seul, on n'eut pas à attendre aussi longtemps et dès 1824 une loi du 28 juillet vint réglementer la matière, tempérer les sévérités de la loi de germinal an XI et combler les lacunes qu'elle présentait.

Cette loi du 28 juillet 1824 répondait à un besoin ; elle donnait satisfaction aux réclamations des commerçants et des industriels lésés dans leurs intérêts les plus respectables et cependant il s'éleva contre elles de vives critiques. On lui reprocha de créer un monopole au profit de quelques-uns et cela sans intérêt pratique.

Le rapporteur justifia la loi de ce reproche ; en faisant respecter le nom du commerçant, on n'entrave en rien la liberté du commerce, on ne supprime pas la libre concurrence, on ne fait qu'imposer à des concurrents peu scrupuleux le respect d'une propriété sacrée.

A côté de cette injuste critique, on doit cependant reconnaître que la loi de 1824 présente quelques lacunes : c'est pour les combler qu'un projet de loi sur le nom commercial a été soumis au Sénat le 26 mai 1879.

Ce n'est pas seulement en France que cette question de la protection des marques a préoccupé le législateur : à l'étranger de nombreuses lois, la plupart récentes réglementent, cette matière.

Presque toutes traitent simultanément de la marque nominale et de la marque emblématique, mais si partout on a reconnu le besoin de cette protection, elle a été établie de façons différentes suivant les pays et nous trouverons bien des divergences entre ces lois.

Tantôt réprimant de la même manière l'usurpation de la marque et du nom commercial, les conditions de la protection ne seront pas les mêmes, et tandis que le nom sera protégé indépendamment de tout dépôt, la marque emblématique devra être enregistrée pour que son usurpation soit réprimée. — Loi allemande du 30 novembre 1874.

Tantôt, pour le nom comme pour la marque, un dépôt sera nécessaire pour invoquer la protection de la loi. — Loi anglaise du 7 août 1862, combinée avec la loi sur l'enregistrement des marques du 13 août 1875[1].

En Belgique, nous retrouvons la même situation qu'en France ; une loi du 1er avril 1879 réglemente la matière des marques emblématiques, tandis que l'usurpation du nom commercial n'est prévue et réprimée que par le Code pénal, art. 191.

Au reste, nous retrouverons ces lois étrangères, en étudiant la législation française sur le nom commercial et c'est alors que nous exposerons leurs principales dispositions.

1. Pataille, 75, 387.

CHAPITRE PREMIER

NOMS PROTÉGÉS PAR LA LOI DE 1824.

En droit civil, le nom est protégé; les usurpations en sont réprimées : mais la loi de 1824 n'est pour rien dans cette protection accordée au nom patronymique. Cette loi ne s'occupe que du nom commercial, du nom envisagé comme marque : à ce point de vue aussi, le nom a une grande valeur; le commerçant a intérêt à le défendre, c'est pour lui une propriété importante.

Il est d'abord un principe essentiel à établir, c'est que nul n'est tenu d'apposer son nom sur ses produits; en d'autres termes, la marque nominale est facultative. L'article 1er de la loi du 23 juin 1857 l'établit expressément pour la marque emblématique, mais si la loi de 1824 n'a pas posé le principe pour la marque nominale, il n'en doit pas moins être admis.

Quand on parle de marque obligatoire, il est bien entendu qu'on ne veut pas en revenir au système antérieur à la Révolution, dans lequel la marque apposée par l'autorité avait pour but de constater la bonne qualité des marchandises : ce système soumettait les fabriques à une inquisition inadmissible.

Mais on a soutenu qu'il y avait lieu d'obliger les commerçants à apposer sur leurs produits une marque distinctive pour en indiquer l'origine.

Cela, disait-on, ne nuit en rien à la liberté du commerce et de l'industrie ; on ne fait par là que rendre responsables ceux qui abusent de cette liberté.

Cette manière de voir ne fut pas admise et avec raison ; le résultat en eût été mauvais et se serait retourné contre les consommateurs dans l'intérêt de qui on voulait l'établir.

Des produits peuvent, sans fraude aucune, être de qualité inférieure ; le fabricant les vendra meilleur marché, et c'est le consommateur qui en profitera ; si la marque est obligatoire, le fabricant ne voulant pas la compromettre sur ces produits défectueux, les détruira sans profit pour personne. De même encore une commande à bon marché peut être faite à l'industriel ; d'accord avec l'acheteur, il emploiera des matières premières de moindre qualité et les livrera sans y apposer son nom ; que s'il est contraint de le faire, il refusera la commande.

Ce sont ces raisons pratiques qui ont fait admettre le principe de la marque facultative posé dans l'art. 1er de la loi de 1857. Les mêmes raisons imposent la même solution pour la loi de 1824, malgré son silence ; du reste, si le texte même de la loi est muet à cet égard, les travaux préparatoires sont suffisamment explicites[1].

Ce principe admis, revenons au Nom que protège la loi de 1824.

Les auteurs l'ont défini de façons différentes, mais tous sont d'accord sur la nécessité de protéger le nom commercial.

1. En ce sens, M. Lyon-Caen. *Cours de législation industrielle.* — *Exposé des motifs de la loi de* 1824, et rapport présenté par M. Lemoine des Mares, à la Chambre.

Pour les uns c'est le signe de ralliement de la clientèle, le thermomètre du crédit [1] : pour d'autres c'est le pavillon de la marchandise [2]. M. Gastambide l'appelle un moyen d'achalandage [3]. Ce ne sont là que des variantes d'une même idée : mais quant au fond, quant à la nécessité de la protection, nous le répétons, tous sont unanimes.

Cette protection, c'est la loi de 1824 qui l'a établie ; mais ne s'occupant que du nom commercial elle ne le protège cependant pas dans toute l'étendue du terme : elle ne réprime l'usurpation du nom commercial que quand il est apposé sur des produits fabriqués, quand il joue le rôle de marque nominale : dans les autres cas, l'usurpation constitue un fait de concurrence déloyale réprimé par l'article 1382 du Code civil, mais ne tombant pas sous le coup de notre loi.

La raison qu'on a donnée de cette différence, c'est que l'usurpation du nom apposé sur les produits est un fait plus grave que les autres ; les produits pouvant être expédiés dans des endroits très éloignés du lieu de fabrication et où toute vérification est impossible.

Le projet de loi, présenté au Sénat le 26 mai 1879 propose, dans son article 8, de faire de l'usurpation du nom commercial, quelle que soit la forme qu'elle revête, un délit correctionnel.

Ce que la loi de 1824 protège, c'est le nom commercial apposé sur des produits, mais le nom pris en lui-même et indépendamment de toute forme spéciale. Si

1. M. Calmels, *De la Contrefaçon*, n° 114.
2. M. Pouillet, *Marques de Fabrique*, n° 375.
3. M. Gastambide, *De la Contrefaçon*, p. 448.

le nom affecte une forme distinctive, il devient une marque emblématique et est, à ce titre, protégé par la loi du 23 juin 1857, art. 1er.

Lors de la discussion de la loi de 1857, le projet du gouvernement ne parlait pas du Nom et ne s'occupait que de la marque emblématique proprement dite : on trouvait sans doute la marque nominale suffisamment protégée par les dispositions de la loi du 28 juillet 1824. Mais la pratique avait révélé une difficulté : souvent le nom employé comme marque n'était pas pris isolément, mais accompagné de signes distinctifs et on se demandait si une telle marque constituait une marque emblématique.

La difficulté était sérieuse, et il importait de la trancher : la jurisprudence, en l'absence de texte, recherchait ce qui, dans la marque, paraissait le principal, du nom ou des signes qui l'accompagnaient [1].

Cette distinction était délicate et c'est pour éviter les dangers qu'elle présentait que l'article 1er de la loi de 1857 fait du nom employé sous une forme distinctive, une marque emblématique véritable et le soumet à l'obligation du dépôt. Ceci du reste ne prive pas le propriétaire du nom devenu marque emblématique de la protection de la loi de 1824.

Celui-là donc qui prend une marque dans laquelle son nom entre comme élément a une double protection : d'abord en vertu de la loi de 1857 pour les dispositions spéciales de sa marque, ensuite en vertu de la loi de 1824 pour son nom, indépendamment de toute disposition. Le nom devenu marque n'en con-

1. Cassat., 29 nov. 47, D. P. 47, 1, 375.

serve pas moins son caractère originaire : c'est une propriété perpétuelle que ne peut compromettre la péremption du dépôt et le propriétaire du nom, eût-il perdu tout droit à la protection de la loi de 1857, n'en pourrait pas moins invoquer celle de la loi relative aux noms.

Mais une objection se présente : quel intérêt le commerçant peut-il avoir à adjoindre à son nom des signes particuliers, à en faire une marque emblématique, puisque ce nom est protégé comme marque nominale sans aucune formalité, tandis que la marque emblématique n'est protégée que si le dépôt en a été effectué, et que ce dépôt une fois fait doit être renouvelé tous les 15 ans : art. 2 et 3 de la loi de 1857 ?

La réponse est facile : d'abord la protection que la loi de 1857 accorde à la marque est plus étendue que celle de la loi de 1824, et il est nombre de cas où on se demande si le nom commercial est protégé alors que la loi de 1857 a tranché la question et assuré la protection de la marque.

De plus, tandis que le nom peut être commun à plusieurs commerçants ; que le nom de lieu est certainement commun aux habitants d'une même localité, la marque est spéciale à celui qui l'a prise et en a effectué le dépôt.

Nous rencontrerons au cours de cette étude des espèces où la similitude de nom entre deux commerçants donne naissance à de graves difficultés : ces difficultés sont évitées pour celui qui donne à son nom une forme particulière ou qui lui adjoint des signes distinctifs.

Tous les commerçants d'une localité réputée pour la fabrication de certains produits peuvent apposer ce nom sur leurs produits, mais celui d'entre eux qui aura donné à ce nom une forme particulière aura sur sa marque un droit exclusif auquel les autres ne pourront attenter.

Nous avons dit que la loi du 28 juillet 1824 protégeait le nom commercial. Cependant, d'après son intitulé, cette loi est relative « aux altérations et suppositions de nom sur les produits fabriqués » et l'art. 1er ne parle que du fabricant : ne peut-on pas dire que cette expression « Nom commercial » est impropre, la loi ne paraissant s'appliquer qu'aux noms apposés par un fabricant et non à ceux apposés par un débitant sur les objets de son commerce ?

L'objection est sérieuse, et devant elle certains auteurs ont hésité [1], mais à tort, selon nous.

Si la loi de 1824 s'occupe plus spécialement du fabricant et des objets fabriqués, c'est qu'elle prend le produit commercial au moment même de sa création; on ne peut conclure de là qu'elle laisse le commerçant sans défense.

Cette solution du reste peut aussi s'appuyer sur des arguments de texte. On en trouve un d'abord dans l'article 1er de la loi, qui sanctionne l'usurpation de la raison commerciale : ce serait, il faut l'avouer, une expression malheureuse qu'aurait employée le législateur s'il n'avait pas entendu protéger le commerçant, mais seulement le fabricant.

Un autre argument nous est fourni par la loi du

1. M. Rendu, *Marques*, n. 399.
En ce sens aussi C. d'Orléans, 20 février 1862. Sirey, 62, 2, 193.

23 juin 1857 : cette loi s'occupe du nom du fabricant et du nom du commerçant, mais ne protège que le nom sous une forme distinctive : en dehors de la forme distinctive, le nom reste protégé par la loi du 28 juillet 1824; c'est donc que dans la pensée du législateur de 1857 la loi de 1824 s'appliquait au nom du commerçant comme au nom du fabricant.

Enfin nous trouvons un argument concluant dans l'art. 9 de la loi du 26 novembre 1873 : se référant aux lois précédentes, sur le nom, la marque et les dessins, cet article emploie l'expression « Nom commercial ». Le législateur de 1873 en s'exprimant ainsi ne tranche-t-il pas la controverse dans le sens de la solution que nous avons proposée [1] ?

Pour éviter cette difficulté, dans le projet de loi du 26 mai 1879 on a employé l'expression « Nom commercial ».

Cette même solution se retrouve dans plusieurs lois étrangères.

D'après la loi allemande du 30 novembre 1874, les commerçants et les industriels ont leur nom protégé comme leur marque; et si la loi a établi une différence au point de vue du dépôt, l'exigeant pour la marque emblématique et en dispensant le nom, au point de vue de la protection, la situation est la même, art. 14 et 15.

La loi danoise du 2 juillet 1880 nous dit, dans son art. 2, que quiconque se livre, en Danemark, à la fabrication ou au commerce des marchandises a droit à la propriété exclusive de sa marque, et l'art. 1er de la loi établit que cette disposition s'applique au Nom.

1. M. Pouillet, *Marques*, n° 423.

Au Canada, la question est réglée par une loi du 15 mai 1879 relative aux marques de commerce frauduleusement apposées sur des marchandises.

D'après l'art. 2, la loi a pour objet de protéger la marque de commerce dans toute l'étendue du territoire.

On considère comme marque : le nom, la signature, etc., servant à distinguer les objets d'un commerce ou les produits d'une industrie, art. 8.

Le loi anglaise du 7 août 1862 est relative aux marques frauduleusement apposées sur des marchandises, et elle emploie l'expression marque de commerce.

Le nom commercial apposé sur des produits, et dont la loi française du 28 juillet 1824 réprime l'usurpation, peut être soit le nom patronymique du commerçant, soit une raison commerciale et par là on entend non seulement la raison sociale, mais encore la désignation, quelle qu'elle soit, d'un établissement.

Le nom qu'un industriel ou un commerçant appose sur ses produits peut être autre que son nom patronymique ; ce peut être un pseudonyme et on s'est demandé si ce nom d'emprunt était protégé contre les usurpations? Malgré le silence de la loi de 1824 à cet égard, il faut admettre qu'elle réprime l'usurpation du pseudonyme [1].

« La loi, dit M. Blanc, n'ayant interdit aucune espèce de désignation, le fabricant peut adopter une dénomination quelconque, même un nom propre autre que le sien, pourvu que ce nom n'ait pas été déjà employé dans la même industrie. On a quelquefois objecté que la loi de 1824 s'oppo-

1. Le projet de loi de 1879, art. 5, assimile le pseudonyme à la marque.

sait à ce que l'on adoptât un nom supposé ; c'est une grave erreur. La loi de 1824 interdit les usurpations de nom, mais celui qui prend un nom imaginaire n'usurpe rien et dès lors il ne trompe pas le public sur la provenance de ses produits. La désignation consistant dans un nom supposé est une dénomination arbitraire dont la jouissance exclusive doit être protégée à l'égal de toute autre désignation, puisque les raisons sont les mêmes[1]. »

Le pseudonyme appartient donc à celui qui l'a pris le premier ; mais ce nom de fantaisie peut être le nom véritable d'un tiers : pourra-t-il s'opposer à cet usage de son nom ?

Et d'abord, pas de doute si ce pseudonyme appartient déjà au commerçant soit comme nom patronymique, soit comme nom d'emprunt : le fait de prendre un nom déjà employé par un commerçant constitue une usurpation de nom réprimée par la loi de 1824 : mais que décider si ce pseudonyme est le nom patronymique d'un tiers non commerçant ?

M. Pouillet enseigne que s'il n'y a pas de préjudice possible, s'il n'y a pas de dommage causé, toute réclamation de ce tiers doit être écartée[2].

La solution contraire nous semble préférable : même si le propriétaire du nom pris comme pseudonyme par un commerçant, n'est pas lui-même commerçant, on doit lui reconnaître le droit de réclamer.

1. M. Blanc, *Contrefaçon*, p. 717. — M. Rendu, *Marques*, n° 391. — M. Calmels, *Marques*, n° 133. — M. Bédarride, *Marques*, n° 741. — M. Pouillet, *Marques*, n° 378. — M. Lyon-Caen, *Cours de législat. industr.* Trib. de commerce de la Seine, 26 février 1857. *Gazette des trib.* 27 mai. C. de Paris, 12 décembre 57. Cassat. 6 juin 59. Pataille 58, 83. 59, 214.

2. M. Pouillet, *Marques*, no 380.

Il ne court risque d'aucun dommage, dit-on, c'est possible, mais l'intérêt moral est incontestable et doit suffire à faire admettre la réclamation [1].

Le nom mis dans le commerce peut acquérir une notoriété fâcheuse ; il est exposé aux chances de la faillite. Le propriétaire d'un nom qui a la garde de son honneur et de sa dignité doit avoir le droit de lui éviter de tels risques.

D'après le projet de loi du 26 mai 1879, art. 5, le pseudonyme ne sera plus protégé comme le nom commercial, mais assimilé à la marque et par conséquent soumis au dépôt.

Il ne faut pas confondre le pseudonyme dont notre loi de 1824 réprime l'usurpation avec le nom imaginaire. Quelques commerçants, tout en faisant le commerce sous leur nom, apposent sur leurs produits des noms de fantaisie. Ceci se rencontre dans tous les commerces, mais surtout dans le commerce des vins de Champagne.

Certains auteurs enseignent que ces noms doivent être protégés par la loi de 1824 comme le nom commercial et comme le pseudonyme [2] : il nous semble qu'on pourrait plutôt voir dans l'usurpation de ces noms une infraction à la loi du 23 juin 1857, sur la marque, car ces noms imaginaires ne désignent pas le commerçant [3].

C'est cette solution qu'adopte le projet de loi de 1879;

1. M. Bédarride, *Marques*. n° 744.

2. M. Bédarride, *Marques*, n° 742. — M. Rendu, *Marques*, n° 392.

3. M. Lyon-Caen. *Cours de législat. industrielle*. — M. Pouillet. *Marques*, n° 381.

dans son art. 5, il assimile les noms imaginaires aux marques et en prescrit le dépôt.

La loi de 1824, qui protège le nom commercial apposé sur des produits, que ce soit ou non le véritable nom du commerçant, ne s'applique pas aux initiales. On a soutenu le contraire sous ce prétexte que les initiales sont un diminutif du nom [1], mais ceci ne peut être admis.

Les initiales peuvent constituer une marque et être protégées par la loi du 23 juin 1857, mais la loi de 1824 ne protège que le vocable et on ne peut dire que les initiales soient le nom lui-même.

Cette solution devrait être admise à plus forte raison si, au lieu d'initiales, la marque consistait en chiffres [2].

Le système que nous admettons pour les initiales se retrouve dans la loi suisse du 19 décembre 1879.

L'art. 2 de cette loi admet que la raison de commerce peut constituer une marque de fabrique ou de commerce ; mais l'art. 4 ajoute que les initiales d'une raison de commerce ne suffiront pas.

La raison de cette décision se trouve dans le message à l'assemblée fédérale. « Beaucoup de personnes, y voyons-nous, portent des noms commençant par les mêmes initiales et la confusion ou la tromperie serait trop facile si on n'admettait pas cette réserve. Les industriels et commerçants, qui voudront employer

1. M. Blanc, *De la Contrefaçon*, p. 775.

2. M. Pouillet. *Marques*, nº 382. — M. Bédarride, *Marques* nº 780. — M. Lyon-Caen, *Cours de législat. industrielle.*

Cassat. 12 juillet 51 *J. du Palais* 1852, 2. 606.

leurs initiales, devront donc procéder à un dépôt de la marque conformément à la loi [1]. »

D'autres législations, au contraire, n'admettent même pas que les initiales puissent constituer une marque emblématique.

L'art. 6, § 1, de la loi danoise, du 2 juillet 1880, porte que l'enregistrement de la déclaration sera refusé si la marque consiste exclusivement en chiffres ou en lettres.

Nous retrouvons la même solution dans la loi des Pays-Bas, du 25 mai 1880, art. 1er : « la marque ne peut consister exclusivement en lettres ou en chiffres ».

La même règle est établie au Brésil par l'art. 15 du décret du 23 octobre 1875.

La loi allemande, du 30 novembre 1874, reproduit cette manière de voir : « l'enregistrement devra être refusé quand les marques consisteront exclusivement en chiffres ou en lettres ». Art. 3, § 2.

Le projet du gouvernement n'admettait pas qu'on pût être propriétaire d'une lettre ou d'un chiffre même accompagné de signes emblématiques : par suite de l'addition du mot « exclusivement » inséré par voie d'amendement dans l'art. 3, lors de la seconde lecture, la protection de la loi n'est refusée qu'aux chiffres et aux lettres non accompagnés de signes distinctifs [2].

Enfin c'est encore ce système qu'adopte la loi an-

1. Loi Suisse du 19 décembre 1879 *Annuaire de législation étrangère* 1880, p. 609 et suiv. Notes de M. Lyon-Caen.

2. *Annuaire de législat. étrangère*, 1875, p. 140. Loi du 30 nov. 1874. Traduction et notes de M. Lyon-Caen.

glaise du 13 août 1875 établissant un registre pour les marques de fabrique.

L'art. 10 nous apprend que la marque consistera en un ou plusieurs des éléments essentiels suivants, soit le nom d'un individu ou d'une association, soit une devise, une marque distinctive, une étiquette ; à ces éléments on pourra ajouter toutes lettres, tous mots ou figures, ou combinaisons de lettres, mots ou figures.

La propriété du nom est perpétuelle et subsiste même après que le droit exclusif résultant d'un brevet s'est éteint : à l'expiration du brevet, l'invention tombe dans le domaine public et tout le monde peut l'exploiter, mais l'inventeur seul peut révêtir le produit de son nom ou de sa raison commerciale.

Ceci n'a pas été admis sans quelque difficulté et on a prétendu qu'à l'expiration du brevet le nom comme l'invention devait tomber dans le domaine public, sans quoi l'inventeur conserverait un monopole de fait, ce qui est contraire à l'esprit de la loi de 1844. Cette doctrine n'a pas prévalu : on l'a repoussée avec raison, car elle fait trop bon marché de la propriété du nom ; de plus il n'y a aucun motif pour traiter plus mal, au point de vue de l'usage de son nom, celui qui a pris un brevet, que celui qui n'en a pas pris[1].

Mais si, en principe, la propriété du nom est perpétuelle, cette règle reçoit une exception, si l'inventeur d'un produit nouveau ne lui a pas donné d'autre quali-

1. M. Lyon-Caen, *Cours de Législat. industrielle.* M. Rendu, *Marques* nº 422. —M. Bedarride, *Marques* nº 762.
Trib. de la Seine, 24 nov. 1865. Pataille, 69, 236.

fication que son nom. Dans ce cas le nom de l'inventeur devient l'appellation vulgaire du produit, et il tombe dans le domaine public ; c'est ce qui s'est passé pour les noms de Quinquet et de Bretelle.

Mais cette exception ne devra être admise que s'il est constant que le nom est devenu la désignation usuelle et indispensable du produit : de plus les tribunaux devront, en autorisant l'usage du nom d'un fabricant, prendre les précautions nécessaires pour que cela ne dégénère pas en concurrence déloyale [1].

La protection que la loi de juillet 1824 accorde aux noms des commerçants, n'est pas refusée aux noms de lieux, art. 1er.

Certaines localités jouissent dans le commerce d'une grande réputation tenant à la perfection de leurs produits. Il était juste d'interdire aux fabricants dont les produits ont été obtenus ailleurs, de se servir de ces noms.

Cette protection accordée aux noms de lieux ne date pas seulement de la loi de 1824 : elle remonte beaucoup plus haut. Le 26 octobre 1666, des statuts accordés à la fabrique de Carcassonne établissaient cette protection : la peine du carcan pendant six heures était prononcée contre l'industriel coupable d'avoir apposé sur les draps qu'il mettait en vente la marque d'une ville autre que celle où ils avaient été fabriqués. La loi de germinal an XI réprimait aussi cette usurpation et la punissait des mêmes peines que l'usurpation du nom commercial.

1. Cassat. 24 décembre 1855, *Journal du Palais*, 56, 1, 266. — L'art. 6, du projet de loi de 1879 confirme cette solution.

La loi de 1824 n'innove donc pas en réprimant l'usurpation des noms de localités ; elle ne fait que s'inspirer de ses devancières : elle apporte sur ce point à la loi de germinal les mêmes corrections que pour le nom du commerçant et du fabricant en adoucissant les peines dont sont frappés les contrefacteurs, et en donnant de la contrefaçon une définition plus large.

De plus, tandis que la loi de germinal se servait de l'expression « nom de ville » elle emploie avec raison l'expression plus large de « nom de lieu ».

Le projet de loi de 1879, art. 9, punit l'usurpateur d'un nom de localité des mêmes peines que l'usurpateur du nom du commerçant ou du fabricant.

Une difficulté se présente dont nous trouvons la trace dans le rapport de la loi de 1824 présenté à la Chambre des Pairs.

Certaines villes manufacturières n'ont acquis leur réputation que parce qu'avant la Révolution, sous le système des corporations de métiers, les industriels de ces villes ne pouvaient fabriquer qu'une sorte de produits, dont les règlements fixaient la qualité, les matières premières et le mode de fabrication.

Depuis que la liberté du commerce a été établie, il en est autrement et les fabricants de ces localités peuvent comme tous les autres produire des marchandises de qualités diverses : ils pourront donc vendre sous la marque de leurs villes et offrir aux consommateurs des produits inférieurs et de qualité bien différente de ceux qui ont fait la réputation de ces centres industriels.

Aussi le rapporteur émettait-il le vœu qu'une ordonnance imposât aux manufacturiers de ces localités de ne fabriquer que des produits de première qualité, comme cela avait lieu avant la Révolution.

C'eût été violer la liberté du commerce et de l'industrie aussi on ne donna pas suite à cette idée, et on protégea de façon absolue ces noms de lieu contre les usurpations des fabricants des autres localités. De ce que les manufacturiers de ces lieux réputés ne fabriquent plus seulement les produits qui ont fait leur notoriété mais aussi des produits de qualité inférieure, il ne s'ensuit pas qu'on doive permettre une usurpation aux fabricants étrangers.

La loi de 1824 nous dit qu'on protège les noms des lieux de fabrication : que faut-il entendre par là?

La question peut présenter quelque difficulté lorsque la confection des produits exige une série d'opérations qui ne peuvent avoir lieu au même endroit.

En présence de cette difficulté, le rapporteur de la loi à la Chambre des Députés, M. Lemoine des Mares, disait : « Cette considération nous a déterminé à exprimer le vœu que le gouvernement s'occupât de préciser, par des dispositions réglementaires, les conditions qui donnent droit aux fabricants d'apposer la marque ou le nom de tel ou tel lieu et de participer en conséquence à l'avantage de la réputation collective de ces produits. »

Mais il ne fut pas déféré à ce vœu et avec raison, une réglementation trop minutieuse eût pu donner lieu à des difficultés ; aussi l'exposé des motifs de la loi présenté à la Chambre des Pairs disait-il : « Quelques personnes auraient désiré que l'on désignât les conditions sous lesquelles le fabricant, qui fait exécuter dans la campagne une partie des opérations de sa fabrique, sera néanmoins en droit d'user dans la marque du nom de la ville où il est domicilié.... Les tribunaux qui, dans le même cas, avaient à se prononcer sous l'ancienne loi sur l'usurpation vraie ou prétendue d'un nom de lieu de fabrication continueront à juger de même. » —

La loi s'en réfère donc à l'appréciation des tribunaux; cependant, en principe, on peut dire que le nom de lieu protégé par la loi de 1824 sera le nom du lieu de fabrication, s'il s'agit de produits industriels, et le nom du lieu de la récolte, s'il s'agit de produits naturels pour lesquels les manipulations qu'ils ont à subir ne sont qu'accessoires.

Lorsque le nom en litige est celui d'une propriété particulière ou d'une ville, celui à qui appartient cette propriété, les fabricants dont les usines sont situées dans l'intérieur de la ville ont certainement le droit d'apposer ce nom sur leurs produits et de poursuivre ceux de leurs concurrents qui, ayant leur fabrique ailleurs, se servent de ces noms : mais faut-il dire que le droit d'apposer sur des produits le nom d'une localité n'est accordé qu'aux seuls industriels en habitant l'enceinte; et que décider pour ceux dont les fabriques sont situées dans la banlieue?

On a fait remarquer avec beaucoup d'exactitude que certaines villes ont une enceinte très étroite et que quelques-unes, entourées de murailles, ne peuvent s'étendre : il peut se faire que des industriels établissent leurs usines dans les environs, faute de place dans la ville : ne pourront-ils apposer son nom sur leurs produits?

M. Chaptal dans son rapport de la loi, à la chambre

des Pairs, trouvait injuste et peu conforme à l'intérêt de l'industrie de défendre à ces fabricants de se servir du nom de la ville pour l'apposer sur leurs produits ; c'est en ce sens que se sont prononcées la doctrine et la jurisprudence [1].

Cependant dans son arrêt du 28 mars 1844, la Cour de cassation exige que, pour se servir du nom d'une ville, de Sedan dans l'espèce, les industriels de la banlieue fabriquent des produits de même nature que ceux qui ont fait la célébrité de la ville.

M. Blanc critique cette exigence. Le législateur, dit-il, ne s'est pas préoccupé de la qualité des matières premières ou de la similitude des procédés.

Cela est bien exact pour ceux qui résident dans la ville même et il est évident que, quel que soit le produit que fabrique un industriel de Sedan, il pourra y apposer le nom de cette ville ; mais pour ceux de la banlieue, si on leur permet de se servir du nom de la ville, encore faut-il que leurs produits soient de la même nature que ceux qu'on y fabrique.

« En résumé, dit M. Bédarride combattant cette critique de M. Blanc, l'identité de matière, la similitude de procédés de fabrication ne sauraient, hors d'un certain rayon, autoriser à revêtir les produits du nom de la ville renommée. Ce droit n'appartient qu'aux fabriques situées dans le voisinage de la banlieue de la ville, mais il n'est acquis que si leurs produits sont réellement de la même nature que ceux de l'intérieur de la ville [2]. »

1. M. Bédarride, *Marques*, n° 787.— M. Blanc *De la contrefaçon*, p. 761. M. Rendu, *Marques*, no 445.

Cassat. 28 mars 1844, *Journal du Palais*, 1844, 1, 794.

2. M. Bédarride, *Marques*, n° 787.

A côté de ces produits qui se recommandent surtout par les procédés de fabrication, il en est d'autres pour lesquels il faut tenir compte plus encore de l'origine de la matière première, que de la manière dont elle a été travaillée. Ceci se présente surtout pour les vins.

On leur a bien contesté le caractère de produits industriels et par conséquent le droit de réclamer la protection de la loi de 1824; cette loi, en effet, ne s'est pas aussi clairement exprimée que la loi de 1857, art. 20. Cependant on a admis, en présence des termes généraux de l'art. 1er de la loi de 1824 que les vins devaient être compris parmi les objets fabriqués que cette loi protège, et la Cour de cassation a, par deux fois, confirmé cette doctrine [1].

Mais alors on peut se demander quel est le lieu visé à leur égard par la loi de 1824 : sera-ce le lieu de la récolte, ou le lieu où le vin aura subi la préparation?

Strictement et s'en tenant à la lettre du texte on pourrait dire que peu importe le lieu de la récolte et qu'il ne faut s'occuper que de l'endroit où le raisin a été transformé en vin : le nom seul de ce lieu serait protégé, c'est le nom du lieu de fabrication.

Cette opinion n'a pas été admise et M. le conseiller Pataille, rapporteur dans l'arrêt de la Cour de cassation du 8 juin 1847, la rejetait avec raison.

« Ainsi, disait-il, le raisin de Suresnes transporté en Champagne pour y subir l'action de la fermentation deviendrait du vin d'Aï et il ne serait plus permis au propriétaire du vin d'Aï de donner ce nom à son vin si

1. M. Lyon-Caen. *Cours de législation industrielle*. — M. Bédarride, *Marques*, n° 788.

Cassat. 12 juillet 45 et 8 juin 47, *J. du pal*. 1845, 2, 655 et 1847, 2, 100.

son cellier vinaire était en dehors de ce territoire. L'usage universel, la raison, la morale, la science protestent hautement contre une pareille conséquence. »

Une difficulté se présente encore pour les eaux minérales. Le propriétaire des sources a certainement la propriété de leur nom et l'appose justement sur les vases qui contiennent cette eau.

Mais il faut remarquer que les vertus particulières de ces eaux tiennent à leur composition. Cette composition nous est révélée par l'analyse et peut être facilement imitée. Ceux qui fabriquent de ces eaux artificielles pourront-ils les vendre sous le nom de l'eau naturelle?

Si on le leur permet, ils feront une concurrence dangereuse au propriétaire de la source ; mais on crée en sa faveur un monopole, si l'eau artificielle ne peut être vendue sous le même nom que l'eau naturelle. Ces eaux peuvent être des remèdes utiles et le propriétaire les vendant seul, pourra les mettre à des prix trop élevés pour que leur usage soit à la portée de tous. En présence de ces deux intérêts contraires, l'intérêt public et l'intérêt du propriétaire, que faut-il décider?

La question s'est posée devant les tribunaux et il a été admis que ces eaux pourraient être imitées artificiellement et vendues sous le même nom que l'eau naturelle [1] : toutefois on impose aux fabricants de respecter les droits du propriétaire en indiquant que leurs produits sont des produits artificiels. Dans l'arrêt de Lyon, la Cour ordonna au fabricant de faire

1. C. de Lyon, 7 mai 41, D. P., 43, 2, 27.

suivre sur son étiquette l'indication du nom de la source, du mot « factice », en toutes lettres.

Nous devons faire remarquer en terminant que si un nom de localité est devenu générique et indique non plus la provenance mais le genre de fabrication, il n'y aura pas usurpation de nom de lieu à vendre sous le nom d'une localité des produits fabriqués ailleurs.

Les législations étrangères n'ont pas réprimé l'usurpation du nom de lieu d'une façon aussi explicite que la loi de 1824 : généralement elles ne s'en expliquent pas.

Une disposition de ce genre se rencontre cependant dans la loi danoise ; elle interdit à toute personne d'apposer sur ses marchandises le nom d'un immeuble qui est le siège de la fabrication des produits d'une autre personne. Loi danoise du 2 juillet 1880 art. 1 et 17.

CHAPITRE II

DÉLITS PRÉVUS PAR LA LOI DE 1824

SECTION I

De l'usurpation du nom

La loi de 1824 donne des faits réprimés une définition très large : « Quiconque aura soit apposé soit fait apparaître par addition, retranchement ou par une altération quelconque, sur des objets fabriqués..... »

C'est là un grand progrès sur la législation antérieure : la définition de la contrefaçon que donnait l'article 17 de la loi de germinal était beaucoup trop étroite et on évitait les pénalités édictées contre le contrefacteur au moyen de fraudes nombreuses et faciles : c'est le retour de cet état de choses que le législateur de 1824 a voulu éviter.

Cette extension des termes de la loi est, en partie, l'œuvre de la commission de la Chambre des députés ; les termes du projet présenté par le gouvernement étaient moins compréhensifs : étaient seuls réputés usurpateurs ceux qui auraient, par une altération quelconque, apposé ou fait apparaître....

La commission fit ajouter les mots « par addition ou retranchement », voulant par là atteindre ceux qui consomment la fraude en enlevant les indications qui peuvent empêcher toute confusion.

Et ici une question se pose : la loi de germinal disait expressément dans son article 17 : « La marque sera considérée comme contrefaite quand on y aura inséré ces mots façon de ... » La loi de 1824 ne contient aucune disposition semblable : ne faut-il pas conclure de cela qu'il n'y a plus dans ce fait une usurpation du nom commercial réprimée pénalement, mais simplement un acte de concurrence déloyale? Ceci ne peut être admis, le but de la loi de 1824, outre la réforme des pénalités qui atteignaient les usurpateurs, a été d'étendre et de compléter la loi de germinal, etil est certain que ce qui était déjà puni par elle doit l'être à plus forte raison par la loi de 1824 : ceci résulte du reste des travaux préparatoires.

Si dans le texte même de la loi on n'a introduit aucune expression spéciale, c'est qu'on a craint de voir se renouveler ce qui s'était déjà produit : en prévoyant expressément quelques espèces, on aurait pu laisser croire que les autres étaient tolérées et c'est ce qu'il fallait éviter. Le législateur a donc trouvé préférable d'employer des termes généraux et de s'en remettre aux tribunaux pour réprimer toutes les manœuvres frauduleuses [1].

Il est un cas cependant où on ne peut voir un délit d'usurpation de nom dans le fait par un commerçant d'apposer sur les produits qu'il met en vente un nom autre que le sien.

1. M. Lyon-Caen, *Cours de législat. industrielle.* — M. Pouillet, *Marques*, n° 416.
Cassat. 24 octobre 55, Pataille, 56, 18.

Le débitant qui se fournit chez un fabricant a le droit de mettre le nom de ce dernier sur les produits qu'il met en vente ; il n'y a pas là une usurpation du nom du fabricant, le débitant ayant le droit de faire savoir à ses clients où il se fournit et de quelle maison sortent les produits qu'il leur offre.

Ceci, bien entendu, ne doit pas dégénérer en fraude et le commerçant ne pourrait s'arranger de manière à se faire passer faussement pour le représentant du fabricant.

Cet usage des commerçants d'indiquer l'origine des marchandises par eux mises en vente est fort usité dans la pratique : cependant le projet de loi de 1879 art. 7, dispose que : « L'acheteur d'un produit ne peut apposer le nom du vendeur sans le consentement de celui-ci. »

Il est à espérer que cet article ne passera pas dans la rédaction définitive de la loi. Il a été vivement critiqué et on a très justement fait remarquer que c'était la solution contraire qui était conforme aux usages commerciaux et qu'il fallait adopter.

Si le fabricant ne veut pas prendre la responsabilité de ses produits, il devra imposer au débitant la condition de ne pas annoncer que les produits viennent de sa fabrique. A défaut de cette condition, l'acheteur, ayant intérêt à faire savoir à sa clientèle qu'il tire ses produits de telle fabrique, qu'il croit bonne, a le droit de le dire.

En sens contraire, il peut se faire que ce soit le fabricant qui appose sur ses produits le nom du commerçant qui les a commandés et qui doit les mettre en vente.

Cette convention entre le fabricant et le débitant est parfaitement licite et on ne peut voir dans cette apposition du nom d'autrui sur des produits fabriqués une usurpation de nom au sens de la loi de 1824 [1].

L'art. 191 du Code pénal belge, qui établit la répression de l'usurpation du nom, donne des faits prévus une définition semblable à celle de notre loi. Il punit quiconque aura soit apposé soit fait apparaître par addition, retranchement ou par une altération quelconque sur des objets fabriqués, le nom d'un fabricant ou la raison commerciale d'une fabrique autre que celle de la fabrication.

Nous trouvons, des faits réprimés, une définition du même genre dans la loi du Canada du 15 mai 1879. L'art. 17 porte qu'on se rend coupable du délit de contrefaçon d'une marque de commerce en altérant ou en imitant d'une façon quelconque et avec une intention frauduleuse une marque appartenant à autrui. D'après cette loi, la marque de commerce peut consister dans le nom du commerçant, art. 8.

La définition de la loi allemande du 30 novembre 1874 est moins large que la nôtre : l'art. 14 ne prévoit que le fait de celui qui appose sciemment sans droit sur des marchandises ou sur leurs enveloppes, soit une marque emblématique, soit un nom, soit une raison de commerce d'un producteur ou d'un commerçant.

La même observation est à faire à propos de la loi danoise du 2 juillet 1880, qui, dans son art. 17, ne vise que celui qui, sans y être autorisé, appose sur des marchandises le nom d'une personne ou le nom d'un immeuble.

1. M. Calmels, *Marques*, n° 144.
C. de Paris, 21 décembre 55, *Gazette des trib.* du 23 décembre.

Mais au contraire de ces deux dernières lois, la loi anglaise du 7 août 1862 donne, des faits d'usurpation qu'elle prévoit et réprime, une définition fort longue et fort détaillée.

« Toute personne, nous dit-elle, qui, avec l'intention de frauder quelqu'un ou de faciliter à un autre le moyen de frauder, fabriquera ou contrefera, ou fera fabriquer une marque de commerce, ou en procurera la fabrication, ou appliquera ou fera appliquer une marque de commerce fabriquée ou contrefaite à un produit, ou article qui ne proviendra pas de la fabrication et du travail, ou ne sera pas une production ou marchandise de la personne désignée, ou devant être désignée par cette marque de commerce, ou désignée ou devant être désignée par la marque de commerce fausse, ou contrefaite, ou lorsque le produit ou article ne proviendra pas de la fabrication ou du travail, ou ne sera pas une production ou marchandise de la personne dont la marque de commerce sera ainsi fabriquée, ou contrefaite, ou qui appliquera, ou fera appliquer une marque de commerce, ou une marque de commerce fausse ou contrefaite à une chose, ou article n'étant pas la description particulière ou spéciale de fabrication, travail produit, ou marchandise désignée ou devant être désignée par cette marque de commerce fausse ou contrefaite sera coupable d'un délit. »

Et la même loi ajoute. «Toute addition à une marque de commerce, toute altération d'icelle, et aussi toute imitation d'icelle qui sera faite, appliquée, ou employée avec l'intention de frauder, ou pour faciliter à une autre personne le moyen de frauder, ou qui fera qu'une marque de commerce avec cette altération ou addition, ou qu'une imitation de marque de commerce ressemble à une marque de commerce véritable, de manière à pouvoir tromper, sera considérée comme une marque de commerce fausse et contrefaite dans le sens du présent acte [1] ».

Dans cette expression « marque de commerce » la loi anglaise de 1862 comprend le nom et le réglemente de la même façon.

Revenant à notre loi française du 28 juillet 1824, malgré la généralité de ses expressions, on peut toutefois se demander si, pour qu'il y ait usurpation de nom, il ne faut pas que l'imitation soit complète?

Cette question présente une grande importance, car presque toujours les usurpations d'un nom sont quelque peu déguisées.

Tantôt l'usurpateur prendra un prénom différent, tantôt, ajoutant ou supprimant une lettre ou même un accent au nom de son concurrent, il s'arrangera cependant de telle façon que le nom conserve son aspect primitif. Il serait trop long d'énumérer toutes les fraudes auxquelles des commerçants malhonnêtes ont recours pour usurper un nom réputé sans l'imiter complètement. Si, pour qu'il y ait usurpation réprimée pénalement, on exige une imitation complète, dans la plupart des cas la loi ne sera pas applicable.

La doctrine et la jurisprudence sont d'accord pour décider que la loi de 1824 a laissé à la justice pleine liberté d'appréciation : tout le monde admet qu'il y a

1. Loi anglaise du 7 août 1862. Traduction donnée par les *Annales de la propriété industrielle,* Pataille, 64, 50.

usurpation de nom même si l'imitation n'est pas complète.

« Le délit existe, nous dit M. Rendu, non seulement quand il y a reproduction exacte de l'ensemble du nom; mais aussi quand il y a imitation de nature à induire les acheteurs en erreur. »

De même, M. Bédarride: « Peu importe que l'usurpation ne soit ni brutale ni complète. Il suffit qu'il puisse y avoir confusion et que ce soit cette confusion qu'on ait voulu créer, pour que la peine soit encourue et doive être prononcée.[1] »

Les tribunaux devant qui cette question s'est posée l'ont résolue en ce sens [2].

Cette solution, du reste, se comprend facilement quand on connaît le but de la loi : si elle a pu faire quelque difficulté, c'est qu'on pouvait croire qu'elle comportait l'extension d'une loi pénale; mais il n'en est pas ainsi et cela résulte clairement des termes si généraux de l'art. 1er de la loi.

Le projet de loi de 1879 admet la même solution, et dans son art. 8, § 1, il punit des mêmes peines ceux qui ont usurpé, contrefait ou frauduleusement imité un nom commercial ou une raison de commerce.

C'est en ce sens aussi, que se sont prononcées plusieurs lois étrangères.

La loi canadienne du 15 mai 1879, dans son art. 17, reconnaît coupable du délit de contrefaçon d'une mar-

1. M. Rendu, *Marques*, n° 438. — M. Bédarride, *Marques*, n° 778. — M. Blanc, *De la Contrefaçon*, p. 774. — M. Gastambide. *De la contrefaçon*, n° 456. — M. Pouillet, *Marques*, n° 414.

2. Trib. de Grenoble. Avril 1857. Pataille 58, 119. — *Gazette des Tribunaux*, 20 juillet 1828, 12 janvier 1829. I, 22 janvier 1833. 26 mai 1836. C. de Paris, 13 mai et 29 juillet 1853.

que de commerce, celui qui altère ou imite d'une façon quelconque et avec intention frauduleuse la marque, le nom d'autrui.

De même, la loi allemande du 30 novembre 1874 nous dit, dans son art. 18, que la protection accordée aux propriétaires d'une marque, d'un nom ou d'une raison de commerce, en vertu de la loi, ne sera pas exclue à raison de ce que la marque, le nom ou la raison de commerce auront été reproduits avec quelques changements, si ces changements ne peuvent être aperçus qu'avec une attention spéciale.

Les mêmes expressions se retrouvent dans la loi danoise du 2 juillet 1880, art. 15 : les mesures de protection établies par la loi contre l'usage illégal d'un nom ou d'une marque s'étendent aussi au cas où cette marque ou ce nom sont reproduits avec des différences trop faibles pour permettre à une attention d'esprit ordinaire de les découvrir.

La loi de 1824 ne voit le délit d'usurpation de nom que dans le fait d'apposer ou faire apparaître le nom usurpé sur des produits fabriqués.

Ce terme « apposé » veut-il dire identifié à l'objet fabriqué ? Il est des produits, les liquides, par exemple, sur lesquels il est impossible d'apposer directement le nom commercial, il ne peut se trouver que sur le vase qui les contient, et il en est de même pour d'autres objets. Faut-il dire que, si le nom ne peut se trouver que sur l'étiquette ou sur l'enveloppe du produit, notre loi ne s'appliquera pas ?

Cette solution entraînerait de graves inconvénients et priverait d'une légitime protection d'importantes industries ; aussi n'a-t-elle pas été admise. Il est impossible de croire que le législateur ait voulu abandonner les produits de ce genre à la merci des usurpateurs, et il faut décider que les termes de la loi ne doivent pas être pris dans ce sens étroit.

Monsieur Calmels ajoute que la loi doit recevoir également son application, lorsque le nom faussement indiqué est apposé, non plus sur l'objet, mais sur un des accessoires de cet objet.

De même, encore malgré le silence de la loi, nous admettrons que le nom commercial qui n'a pas à être adhérent pour être protégé n'a pas non plus à être apparent.

Au reste, si ces solutions ont pu faire difficulté, elles sont aujourd'hui unanimement acceptées[1].

Ce système est aussi celui qui a été adopté par plusieurs législations étrangères.

La loi danoise du 2 juillet 1880 nous apprend, dans son art. 1er, qu'il est interdit à toute personne d'apposer sur ses marchandises destinées, d'une manière générale, à être mises dans la circulation, ou sur leur emballage le nom d'une autre personne ou d'une autre raison sociale ou le nom d'un immeuble qui est le siège de la fabrication d'une autre personne.

La loi allemande du 30 novembre 1874 nous dit aussi, dans son art. 14, que doit être puni celui qui appose sciemment sans droit sur des marchandises ou sur leur enveloppe soit une marque emblématique protégée par la loi, soit un nom, soit une raison de commerce.

1. M. Pouillet, *Marques*, n° 413. — M. Calmels, *Marques*, n° 123. — M. Lyon-Caen, *Cours de législat. industr.*— M. Rendu, *Marques*, n° 398.— M. Bédarride, *Marques*, n° 782.—M. Gastambide, *De la contrefaçon*, n° 451. Cassat. 12 juillet 45. Sirey, 45, 1, 842, Trib. Seine 58. Pataille, 58. 219.

Au Canada, d'après la loi du 15 mai 1879, la règle est la même et nous trouvons, dans l'art. 16, cette décision que tous ceux qui, avec une intention frauduleuse, appliquent, aident ou excitent à appliquer un nom, une marque de commerce contrefaite soit sur des marchandises quelles qu'elles soient, soit sur l'emballage se rendent coupables d'un délit.

Enfin, d'après la loi anglaise du 7 août 1862, l'apposition d'une marque de commerce falsifiée, et par là, la loi entend aussi le nom, à des vases, caisses, enveloppes, etc... dans lesquels un article est vendu ou destiné à être vendu, constitue un délit.

Les mots « objets fabriqués » dont se sert la loi de 1824 ont fait naître quelques difficultés.

Nous avons eu l'occasion d'exposer plus haut que les interprètes s'étaient demandé si la protection de cette loi s'étendait à l'usurpation du nom d'un commerçant non fabricant. Malgré les autorités qui se sont prononcées en sens contraire, nous avons résolu la question dans le sens de l'affirmative ; mais, à côté de cette difficulté, il en est d'autres dont il nous reste à nous occuper.

C'est dans des hypothèses semblables, lorsque l'application de la loi de 1824 est douteuse, qu'il importe au commerçant de donner à son nom une forme distinctive : ainsi transformé, le nom devient une marque : il est soumis, il est vrai, pour être protégé comme marque, à un dépôt, art. 2 ; mais cette protection vient alors de la loi du 23 juin 1857 art. 1. Cette loi, comme le dit M. Rendu, protège parfois plus énergiquement le fabricant ou le commerçant qui n'est pas pour cela dépouillé de la protection plus durable de la loi de 1824.

Les produits agricoles doivent-ils être rangés dans

la catégorie des produits fabriqués au sens de la loi de 1824?

Tout d'abord il est certain que la solution affirmative doit être admise lorsqu'il s'agit de produits agricoles qui, avant d'être livrés au commerce, ont subi une certaine préparation ; comme, par exemple, le vin[1] : mais la question se pose véritablement à l'égard des fruits ou des grains débités dans l'état où ils ont été récoltés.

M. Rendu émet, sous forme dubitative, l'opinion que ce ne serait pas étendre de façon abusive les mots « objets fabriqués » que d'y faire rentrer les produits agricoles : ne pourrait-on pas considérer comme une fabrication réelle l'industrie de l'agriculteur ?

M. Pouillet reproduit, mais de façon beaucoup plus affirmative, cette opinion et il ajoute, tirant argument de l'article 20 de la loi du 23 juin 1857 : « la loi de 1857 qui a incontestablement pour objet de compléter la loi de 1824 vaut au moins sur ce point comme interprétation[2]. »

Quelle que soit l'autorité de ces auteurs, la solution qu'ils ont proposée n'a pas été admise et on enseigne généralement que, dans l'apposition du nom commercial d'un concurrent sur des produits de ce genre, il peut bien y avoir un fait de concurrence déloyale, mais non pas une usurpation de nom réprimée par la loi de 1824.

La loi de 1824 étant une loi pénale doit être interprétée strictement et ce serait forcer les termes qu'elle emploie, que comprendre les produits agricoles dans l'expression « objets fabriqués ».

1. Cass., Juillet 45, Sirey 45, 1, 842, — Juin 47, Sirey 47, 1, 521.
2. M. Rendu, *Marques*, n° 400. — M. Pouillet, *Marques*, n° 424.

produit en y mettant ce nom tombe sous le coup des pénalités de la loi de 1824 : il y a bien là, sur des produits fabriquées, l'apposition du nom d'un fabricant autre que celui qui en est l'auteur. Pour l'éditeur, l'œuvre d'art ou l'œuvre littéraire qu'il met dans le commerce est bien, en effet, un produit industriel. « L'éditeur industriel d'œuvres littéraires ou artistiques est un fabricant ; son industrie plus que toute autre a besoin de la protection de la loi [1] ».

Mais la même solution doit-elle être admise, s'il s'agit non plus de l'usurpation du nom de l'éditeur, mais de l'apposition sur une œuvre d'art ou de littérature d'un nom autre que le nom de l'auteur?

La question est très vivement controversée.

Les uns admettent dans ces cas l'application de la loi de 1824 : les mots objets fabriqués devraient être entendus dans un sens général et comprendre tous les objets produits de l'activité humaine à quelque ordre qu'il appartiennent [2].

D'autres auteurs proposent une distinction ; admettant cette doctrine pour l'usurpation du nom apposé sur une œuvre d'art, ils la rejettent lorsqu'il s'agit de l'apposition du nom sur une œuvre littéraire ou musicale.

D'après eux, publier une œuvre littéraire ou musicale sous le nom d'un auteur autre que le véritable, ce serait se rendre passible d'une action en dommages-intérêts de la part de l'auteur lésé, mais non

1. M. Calmels, *Marques*, n° 125. — M. Lyon-Caen, *Cours de législat. industrielle.*

Paris, septembre 48, *J. du P.*, 48, 2, 440. Paris, mars 55, Pataille, 55, 19.

2. En ce sens M. Pouillet, *Marques*, n° 425.

pas commettre le délit d'apposition de nom sur des produits fabriqués, prévu par la loi de 1824 : les termes de la loi se refusant à une pareille interprétation [1].

La jurisprudence, croyons-nous, ne s'est pas encore prononcée sur la question relativement aux œuvres littéraires, mais elle a admis l'application de la loi de 1824 pour l'apposition, sur une œuvre d'art, du nom d'un artiste autre que celui qui en est l'auteur. Un arrêt de la Cour de cassation du 29 novembre 1879 décide « que celui qui inscrit frauduleusement le nom d'un statuaire sur des statuettes et sur des objets d'art qui ne sont pas son œuvre commet le délit d'usurpation du nom d'un fabricant prévu et puni par la loi du 28 juillet 1824 [2] ».

Malgré l'autorité qui s'attache aux décisions de la Cour de cassation, cette doctrine nous semble bien difficile à admettre, et les critiques qui peuvent lui être faites sont très nettement exposées par M. Lyon-Caen.

« L'art. 1er de la loi du 28 juillet 1824, nous dit-il, ne punit pas d'une façon générale l'usurpation du nom d'autrui : il réprime, d'après ses propres expressions, l'apposition sur des objets fabriqués du nom d'un frabricant autre que celui qui en est l'auteur. Or dans le langage ordinaire, qualifie-t-on jamais l'artiste de fabricant, appelle-t-on jamais une œuvre d'art un produit fabriqué ? D'ailleurs les travaux préparatoires

1. En ce sens M. Gastambide, *Contrefaçon*, p. 451. — M. Rendu, *Marques*, nos 401 et 402.

2. C. de cassat., 29 nov. 1879, Sirey, 1830, 1, p. 185.

de la loi de 1824 et le lien de cette loi avec la législation antérieure viennent corroborer notre interprétation et prouver que cette loi a eu en vue l'industrie et non l'art. L'exposé des motifs présenté à la chambre des députés indique au début : que la réputation des produits fabriqués est pour le manufacturier une véritable propriété que la loi garantit. A-t-on jamais qualifié un artiste du nom de manufacturier? Le rapport fait à la chambre des Pairs par Chaptal parle de l'honneur qu'il y a à consacrer son nom par de grands services rendus à l'industrie.

Ajoutons que la loi met sur la même ligne que l'apposition du nom d'un fabricant autre que celui qui est l'auteur du produit, l'apposition du nom d'un autre lieu que celui de la fabrication. On a voulu par là sauvegarder la réputation de certaines villes renommées : or y a-t-il des villes réputées par les œuvres d'art qui y sont faites ?

Il ne faut pas oublier l'historique de la loi de 1824 : la loi de germinal ne s'appliquait certainement pas aux œuvres d'art : le but de la loi de 1824 n'a pas été d'étendre le cercle d'application de la loi de germinal quant aux objets qu'elle régissait. La loi de 1824 a cherché seulement à assurer la répression de l'usurpation du nom.

Si d'ailleurs on entend appliquer la loi de 1824 au nom de l'artiste apposé sur des œuvres d'art, l'appliquera-t-on aussi au nom de l'auteur d'une œuvre littéraire? Rationnellement il n'y a pas de motifs de distinction et on ne conçoit guère qu'une loi en fasse une. Cependant il semble encore plus difficile d'employer les expressions de fabricant, de produits fabriqués, pour l'écrivain et pour les livres que pour l'artiste et pour les œuvres d'art [1] ».

Si nous nous sommes permis une aussi longue citation c'est que combattant la doctrine d'auteurs aussi considérables que MM. Pouillet, Gastambide et Rendu, refusant malgré la Cour de cassation à l'auteur ou à l'artiste, dont le nom a été apposé sur des œuvres qui ne sont pas les leurs, le secours de la loi de 1824, nous avons senti le besoin d'opposer une autorité à ces autorités, et de mettre notre opinion sous le couvert d'une puissante protection.

Les compositions pharmaceutiques et remèdes de toute espèce ne peuvent être brevetés, la loi du 5 juillet 1844 le dit formellement dans son article 3. Le législateur a voulu éviter ainsi un double inconvénient.

En accordant des brevets pour des inventions de ce genre on aurait couru le risque de paraître recommander des remèdes de charlatans ; de plus on aurait accordé un monopole, tandis que si le remède est vraiment efficace il importe de le répandre.

Ces produits tombent donc dans le domaine public et tout le monde pourra les fabriquer, mais est-ce à dire qu'on pourra les fabriquer sous le nom de l'inventeur ? Cette solution n'a pas été admise et à bon droit ; si le produit est dans le domaine public, il n'en est pas de même du nom et on ne peut annoncer comme émanant de l'inventeur ce qui ne provient pas de sa fabrication. Un arrêt de cassation dispose formellement que la « marque de fabrique

1. M. Lyon-Caen, Annotation de l'arrêt de novembre 1879, Sirey, 1880, 1, p. 185.

est pour le commerçant un moyen légitime de signaler à la confiance du public son produit industriel, moyen qui doit être protégé dans le commerce de la pharmacie aussi bien que dans tout autre genre d'industrie[1] ».

L'auteur d'une invention de ce genre pourra donc, si son nom est apposé sur des produits pharmaceutiques fabriqués par d'autres, invoquer la protection de la loi de 1824. Il n'y aurait exception à cette règle que si le nom de l'inventeur était devenu la dénomination nécessaire du produit[2].

Le commerçant ou l'industriel poursuivi pour apposition sur ses produits d'un nom qui n'est pas le sien, ne pourrait se disculper en établissant que celui dont il a usurpé le nom n'a pas l'habitude de l'apposer sur ses produits.

Nous avons admis que même un non-commerçant peut s'opposer à l'usage que l'on ferait de son nom, la même solution doit, à plus forte raison, être admise s'il s'agit d'un commerçant.

Lors même, en effet, qu'un commerçant n'inscrirait pas son nom sur ses produits, le public a d'autres moyens d'en constater la supériorité, et, cette supériorité constatée, il les choisira de préférence aux autres. L'industriel qui apposera sur ses produits le signe de cette provenance recherchée causera dès lors un grand préjudice à celui dont il usurpera la réputation. Et ceci est aussi vrai pour l'usurpation du nom de lieu.

1. Cassat., 22 mars 1864. Sirey, 64, 1, 345.

2. M. Lyon-Caen, *Cours de législat. industrielle*.
M. Bédarride, *Marques*, n° 775. — M. Blanc, *Contref.*, p. 712.
M. Pouillet, *Marques*, n° 387.

Au reste, la doctrine est unanime en ce sens : il ne s'agit point ici, en effet, d'une contrefaçon de marque mais bien d'une supposition de nom.

Le nom comme la marque a pour effet, il est vrai, de désigner la fabrique, mais il y a entre eux cette différence que, tandis que la marque a besoin d'être convenue et adoptée, le nom est sans aucune convention et naturellement l'indication la plus sûre et la plus précise [1].

Il en serait de même de la tolérance si longue qu'elle puisse être, elle ne constituera jamais une fin de non-recevoir à l'action intentée contre l'usurpateur : des faits particuliers peuvent être prescrits, mais la propriété du nom est perpétuelle et le caractère imprescriptible et personnel de cette propriété impose cette solution [2].

SECTION II

De la tentative

D'après l'art. 1er de la loi de 1824 il n'y a usurpation de nom que si on a soit apposé soit fait apparaître.... : en dehors de ces conditions, la sanction pénale paraît ne pas devoir s'appliquer : faut-il donc dire que la loi laisse sans répression pénale la tentative d'usurpation ?

Certains auteurs ne sont pas de cet avis et enseignent que si c'est la poursuite qui a empêché que le timbre ou le cachet contrefait ne servît à l'apposition

1. M. Pouillet, *Marques*, nº 403. — M. Calmels, [*Marques*, nº 127. M. Gastambide, *Contrefaçon*, p. 449.

2. M. Pouillet, *Marques*, nº 422.

du nom sur les objets en vue desquels il était fabriqué, la loi doit être applicable [1].

L'opinion contraire est préférable ; nous nous trouvons en présence d'une tentative de délit, et d'après l'article 3 du Code pénal, « la tentative de délit ne peut être assimilée au délit que dans les cas déterminés par une disposition expresse de la loi » : cette disposition la loi de 1824 ne la contient pas ; on ne peut donc pas décider que la sanction pénale édictée contre l'usurpateur du nom commercial doit être appliquée à la simple tentative. En conséquence, si un fabricant a préparé des enveloppes, portant le nom d'un concurrent, mais dans lesquelles les produits n'ont pas encore été enfermés, il n'y a pas là usurpation au sens de notre loi [2].

SECTION III

De la complicité

I

La loi de germinal an XI ne punissait que l'usurpation du nom apposé sur des produits, et ne s'appliquait pas aux commerçants qui vendaient ces produits revêtus de noms usurpés. C'était là une lacune considérable : c'est, en effet, diminuer singulièrement la fraude que diminuer ses chances de gain, et punir les commerçants, dans notre espèce, c'était fermer un débouché à l'usurpateur.

1. M. Pouillet, *Marques*, n° 420.

2. C. de Paris, 18 février 52, et Cassat. 9 juillet 52, D. P. 52, 1, 269. M. Lyon-Caen, *Cours de législation industrielle*. — M. Rendu, *Marques*, n° 439. — M. Blanc. *De la contrefaçon*, p. 775.

Il est une autre raison qui imposait au législateur la disposition du § 2 de l'art. 1er. C'est que la loi française ne pouvait atteindre les usurpateurs étrangers de nos marques : ceux-ci livraient leurs produits revêtus de noms usurpés à des commerçants qui les mettaient en vente en France, et la loi ne pouvait réprimer ces manœuvres.

L'art. 1er § 2 de la loi de 1824 punit donc des mêmes peines que l'usurpateur : « tout marchand commissionnaire ou débitant qui aura sciemment exposé en vente ou mis en circulation, les objets marqués de noms supposés ou altérés ».

De ce mot « sciemment » il résulte que le complice ne sera puni que s'il est de mauvaise foi ; mais c'est à lui qu'incombera la preuve de sa bonne foi, car, en matière de contrefaçon, il est de principe que la mauvaise foi se présume.

Cette bonne foi peut se rencontrer chez celui qui n'a pas traité directement avec l'auteur de la supposition de nom : si au contraire c'est avec lui qu'a traité le débitant, elle sera plus difficile à admettre, cependant elle peut encore se rencontrer, et les juges apprécieront si le débitant a agi ou non sciemment.

Quant à l'auteur de la supposition de nom, quant à celui qui s'est rendu coupable de l'altération destinée à faire apparaître le nom supposé, doit-on lui permettre aussi d'échapper à la répression en établissant sa bonne foi ?

L'absence dans le § 1er du mot « sciemment » que nous rencontrons dans le § 2 de l'art. 1er permet de conclure que le fabricant ou le commerçant qui a revêtu ses produits d'un nom supposé ou altéré doit être puni dans tous les cas : il s'élève contre lui une présomption absolue de culpabilité.

Du reste, sur quoi pouvait-il fonder sa bonne foi : il ne pouvait ignorer que le nom apposé sur ses produits n'était pas le sien ; l'altération ou la supposition dont il s'est rendu coupable est la preuve de son intention frauduleuse.

Nous admettrions volontiers une exception à cette règle quand l'individu prévenu d'une usurpation de nom se sert comme marque nominale d'un pseudonyme et non pas de son nom véritable. Il se peut que le pseudonyme qu'a pris ce commerçant soit un nom commercial déjà employé par un autre, soit parce que c'est son nom véritable, soit à titre de pseudonyme. Le commerçant qui, postérieurement, prend ce pseudonyme comme nom commercial, n'ayant aucun moyen de se renseigner, ne peut savoir que ce nom est déjà employé par un autre : il sait bien, à la vérité, que ce n'est pas son nom, mais ce n'est pas comme tel qu'il l'appose sur ses produits, c'est comme pseudonyme.

La loi autorisant l'emploi comme marque nominale soit du nom patronymique soit d'un pseudonyme, il serait trop rigoureux de punir comme auteur d'une supposition de nom celui qui n'est peut-être que victime d'une coïncidence fâcheuse. Il nous semble donc qu'on devrait, dans ces conditions, autoriser ce commerçant à prouver sa bonne foi, et, s'il la prouve, lui épargner les rigueurs de la loi, sauf à lui faire défense de continuer à se servir de ce nom.

En Belgique comme en France, la loi distingue entre le complice et l'auteur principal de la supposition de nom. L'art. 191 du Code pénal belge, comme notre loi de 1824, contient dans son § 2, qui s'occupe des faits de complicité, le mot « sciemment » qui ne se retrouve pas dans le § 1 du même article qui réprime le fait de l'auteur principal.

D'après la loi allemande du 30 novembre 1874, l'auteur du délit et le complice doivent avoir agi sciemment : l'art. 14 nous dit que quiconque appose sciemment sans droit sur des marchandises ou sur leur enveloppe, soit un nom soit une raison de commerce, etc., ... quiconque met en vente ou expose sciemment des marchandises sur lesquelles un nom ou une raison de commerce ont été apposés sans droit, est puni.

La même solution se retrouve dans l'art. 17 de la loi danoise du 2 juillet 1880.

C'est aussi ce système qu'a adopté la loi canadienne du 15 mai 1879 : l'art. 16 dispose que si une personne autre que le propriétaire de la marque l'appose sur des produits avec l'intention de tromper ; que si une personne vend, ou met en vente sciemment un objet revêtu d'une marque contrefaite, elle sera coupable d'un délit.

Cette manière de voir est aussi admise par le législateur anglais dans la loi du 7 août 1862.

Nous trouvons dans cette loi une disposition particulière : elle établit que celui qui aura mis en vente des produits revêtus d'un nom usurpé, sera tenu de fournir au négociant ou fabricant dont le nom aura été usurpé des renseignements sur le nom et l'adresse de celui qui lui aura procuré ladite marchandise et sur l'époque de la livraison.

En cas de refus ce débitant est frappé d'une amende.

En outre de l'amende, la loi canadienne du 14 juin 1872 assimilait ce débitant à un complice ; il était réputé avoir sciemment vendu ou mis en vente les marchandises revêtues du nom usurpé. Ceci ne se retrouve pas dans la loi du 15 mai 1879.

Le congrès de la propriété industrielle de 1878 a émis le vœu qu'on assimilât au complice le débitant qui refuse de faire connaître de qui il tient les marchandises revêtues d'un nom supposé ou altéré. En punissant comme complice de l'usurpation celui qui n'était pas coupable de vente ou mise en vente faite sciemment, se refuse à faire connaître de qui il tient les marchandises revêtues du nom supposé ou altéré, on espère arriver plus facilement à châtier le coupable.

Il est permis cependant de trouver bien rigoureuse cette disposition par laquelle est assimilé à un complice et puni comme tel le débitant qui ne veut pas se faire dénonciateur.

La loi française du 28 juillet 1824, dans le § 2 de son art. 1er, réprime l'exposition en vente et la mise en circulation.

Cette expression « exposition en vente » se retrouve dans l'art. 41 de la loi du 5 juillet 1844, sur les brevets d'invention : la loi du 23 juin 1857, au contraire, emploie les mots « mise en vente » : la raison de cette différence c'est que sur le terme « exposition en vente » une difficulté s'était élevée ; on s'était demandé si par ces mots on entendait une exhibition, ou si on pouvait faire rentrer dans cette expression le fait du commerçant qui détient de telles marchandises dans ses magasins.

Pour l'application de la loi de 1844, la question ne présente pas grand intérêt pratique, car si le commerçant n'est pas puni comme marchand lorsqu'il n'y a pas eu véritablement exposition, il le sera du moins comme recéleur : mais pour la loi de 1824, il en est autrement, et si on exige une exhibition pour qu'il y ait ce que la loi appelle « exposition en vente » le fait du commerçant qui détiendra dans ses magasins des marchandises revêtues de noms supposés ou altérés restera impuni, notre loi ne prévoyant pas le recel [1].

Le projet de loi de 1879, art. 8 et 9, emploie comme la loi de 1857 les mots « mis en vente ».

M. Bédarride [2] enseigne que, d'après la loi de 1824, il n'y a exposition en vente que si les objets sont publiquement mis sous les yeux de ceux qui peuvent ou doivent les acheter.

Cependant on admet généralement que les mots : « exposition en vente » ne doivent pas être pris dans leur sens absolu, et que le législateur a eu en vue moins l'exposition, c'est-à-dire l'étalage, que la possession jointe à l'intention de vendre [3].

A plus forte raison, et bien que la loi n'en parle pas textuellement, la vente elle-même doit être réprimée ; elle ne peut rester impunie lorsque la simple tentative tombe sous le coup de la loi ; de plus les expressions « marchands, débitants », « mise en circulation », que nous trouvons dans le § 2 de l'art. 1er, doivent évidemment faire admettre cette assimilation

1. M. Lyon-Caen, *Cours de législation industrielle.* — M. Pouillet, *Marques*, n° 200.

2. M. Bédarride, *Brevets d'invent.* nos 567 et 722.

3. M. Blanc. *De la contrefaçon*, p. 619.

entre la vente et la mise en vente au point de vue de la répression [1].

La mise en circulation est aussi prévue par l'art. 1er § 2, aussi la répression atteindra, du reste la loi est formelle, non seulement le débitant, mais encore le commissionnaire.

Peu importe d'ailleurs que le produit revêtu d'un nom supposé ou altéré soit fabriqué et vendu en France ou qu'il ait été fabriqué à l'étranger pour être vendu en France : le fabricant étranger ne peut être poursuivi, mais cela n'empêche pas le débitant français de s'être rendu coupable du délit prévu par l'art. 1er § 2.

Pour soutenir l'opinion contraire, on a tiré argument des termes de la loi : « passible des effets de la poursuite », qui paraissent vouloir dire que pour que l'action soit possible contre le marchand ou le commissionnaire, il faut qu'elle le soit contre le fabricant. Cette doctrine n'a pas prévalu : on admet que les mots : « passible des effets de la poursuite » ne doivent pas prendre l'importance qu'on veut leur donner : ils ne sont que le résultat d'une rédaction irréfléchie ; en conséquence, la poursuite est possible contre le complice même si l'auteur principal du délit l'a commis à l'étranger [2].

Cette solution, du reste, est conforme à l'esprit de la loi : voulant prohiber la vente des marchandises revêtues de noms supposés ou altérés, il est impossible

1. M. Pouillet *Marques*, n° 427.— Le projet de loi de 1879, art. 8 et 9, réprime expressément la vente.

2. M. Gastambide *De la contrefaçon*, n° 463. — M. Rendu, *Marques*, n° 450.—M. Pouillet. *Marques*, n° 428.—Dalloz, *Rép.* V° *Industrie*, n° 348. C. Paris, 6 nov. 57. Pataille.58 125.—Trib. comm. de la Seine, 4 mars 1827, *Gazette des Tribunaux* du 5 mai.

de soutenir sérieusement que les altérations ou suppositions de nom commises à l'étranger seront plus favorablement traitées que celles commises en France. On ne peut atteindre, il est vrai, l'auteur étranger de la supposition ou de l'altération du nom commercial, mais ce n'est pas une raison pour lui permettre d'écouler librement ses produits dans notre pays.

L'art. 1er § 2 prévoit et punit des faits de complicité en matière d'usurpation de nom commercial, mais faut-il voir là une énumération limitative, ou ne doit-on pas plutôt compléter ce texte au moyen des principes généraux du Code pénal en matière de complicite, art. 59 et 60 C. pén.

La question a fait difficulté, mais on admet généralement que cette énumération n'est pas limitative.

On ne trouve rien ni dans le texte, ni dans les travaux préparatoires qui puisse faire croire que l'intention du législateur ait été de déroger aux principes généraux.

Mais alors peut-on dire pourquoi cet art. 1er § 2 cite-t-il spécialement certains faits à l'exclusion des autres? On peut répondre à cette objection que si la loi de 1824 a prévu spécialement le débit, la mise en vente ou en circulation, c'est que ce sont des faits d'un ordre particulier et qui, suivant le délit au lieu de le précéder, ne pouvaient rentrer dans les termes généraux des articles 59 et 60 C. pén. qui ne parlent que des actes qui ont aidé, préparé, facilité, le délit [1].

1. M. Pouillet, *Marques*, no 431.

En ce sens : M. Lyon-Caen, *Cours de législat. industrielle*.—M. Calmels, *Marques*, no 140. — M. Ruben de Couder, *Dict. de Dr. comm.*, Vo *Nom*, no 173.

Contra. M. Bédarride, *Marques*, no 721.

C'est cette solution qui a été admise dans le projet de loi de 1879 : l'art. 16 dit expressément : « les règles ordinaires de la complicité seront applicables ».

II

Il est une question que la loi du 28 juillet 1824 avait laissée sans solution et qui souleva de vives difficultés : c'est celle de l'introduction en transit des marchandises revêtues d'un nom commercial supposé ou altéré.

La loi de 1824 réprime bien, il est vrai, la mise en circulation des produits revêtus de noms supposés ou altérés, mais cette répression s'applique-t-elle seulement à la mise en circulation en France ou bien atteint-elle même le passage en transit ?

Cette question fut fort discutée avant la promulgation de la loi du 23 juin 1857.

Certains auteurs soutenaient que ces mots, « mise en circulation », ne pouvaient s'entendre que de l'introduction en vue de la vente en France.

Pour défendre cette opinion, on disait que la loi de 1824 n'a eu pour but que de modifier la loi de germinal an XI sur la police des manufactures à l'intérieur, elle ne doit pas par conséquent s'occuper des produits fabriqués à l'étranger. On argumentait encore de la fiction d'exterritorialité dont jouissent les marchandises en transit. On ajoutait enfin que cette doctrine était favorable aux intérêts de notre commerce : si ces marchandises ne peuvent librement circuler en France, on les fera passer par un autre pays et notre industrie des transports en souffrira.

Malgré ces raisons, les auteurs s'étaient ralliés au système opposé et on admettait que, du moment que ces marchandises étaient entrées en France, il y avait délit de mise en circulation qui devait être réprimé. Il est impossible d'admettre que la loi en employant ces expressions générales de « mise en circulation » n'ait pas entendu y comprendre le passage en transit.

A l'argument tiré de la fiction d'exterritorialité on répondait que cette fiction a pour but de dispenser les marchandises circulant ainsi des droits de douane, mais non de couvrir une fraude commerciale. L'intérêt de notre commerce de transit ne pouvait être favorisé au détriment des autres industries, et il fallait éviter qu'en traversant ainsi la France ces produits revêtus de noms français supposés ou altérés prissent l'apparence de marchandises françaises[1].

La controverse est aujourd'hui tranchée en ce sens par l'art. 19 de la loi du 23 juin 1857 qui exclut expressément du passage en transit les produits étrangers revêtus de noms français supposés ou altérés. Le projet de loi du 26 mai 1879, dans son article 13, reproduit cette disposition.

Antérieurement à la loi de 1857, la jurisprudence s'était prononcée en ce sens [2].

L'art. 19 de la loi du 23 juin 1857, visant spécialement le nom commercial, peut être considéré comme une disposition additionnelle à notre loi et à ce titre doit nous arrêter quelque peu.

Les motifs qui ont fait adopter les dispositions de

1. M. Rendu, *Marques*, n° 452. — M. Bédarride, *Marques*, n° 722. — M. Pouillet, *Marques*, n° 429.

2. Cassat. 17 décembre 1854. D. P. 55. 1. 348. De même, arrêt de cassation du 27 février 80 D. P. 80. 1. 434.

cet article sont les mêmes qui avaient déjà décidé la jurisprudence. En conséquence les produits étrangers revêtus de noms français supposés ou altérés sont prohibés à l'entrée et exclus du transit et de l'entrepôt : ils peuvent être saisis et confisqués.

Et d'abord cette disposition peut être invoquée par tout fabricant résidant en France, ce qui est du reste conforme au principe de la loi de 1857 qui s'occupe de la nationalité, non de l'industriel mais de l'établissement ; art. 5.

La saisie opérée à la requête de la partie lésée doit être autorisée par une ordonnance du président du tribunal civil ou du juge de paix du canton à défaut de tribunal dans le lieu où se trouvent les produits à saisir ; art. 17.

Les produits peuvent aussi être saisis soit à la diligence de l'administration des douanes, soit à la requête du ministère public. Cette saisie peut du reste avoir lieu en quelque endroit du territoire que se trouvent ces produits.

Si la saisie est faite par la douane, le procès-verbal de saisie est envoyé au ministère public, cette administration est sans intérêt dans les résultats de la saisie ; elle agit comme auxiliaire du parquet.

La suite à donner à cette saisie appartient soit à la partie lésée, soit au ministère public : ils devront agir suivant les prescriptions de l'art. 18, mais le délai de 15 jours établi par cet article est remplacé par un délai de deux mois ; art. 19.

Cette prolongation n'est accordée, d'après certains auteurs, que si la saisie a été opérée par la douane ou requise par le ministère public :

On veut ainsi, disent-ils, donner à la partie lésée le temps d'agir ; que si au contraire c'est à la requête du fabricant qu'elle a été opérée, le délai ordinaire de quinze jours établi par l'art. 18 est suffisant[1]. On admet plus généralement que le délai de deux mois doit, dans tous les cas, appartenir au lésé : cette solution nous paraît préférable, car aucune trace de distinction ne se retrouve ni dans le texte ni dans les travaux préparatoires[2].

Si la saisie est annulée comme faite injustement, les produits seront remis à leur propriétaire : sinon ces produits seront confisqués, et le rapport fait au Corps législatif par M. Busson nous dit que les marchandises serviront à indemniser ceux dont les noms ont été compromis : mais ce n'est là qu'une faculté dont le tribunal pourra ne pas user ; art. 14.

Si le nom supposé ou altéré dont sont revêtus ces produits étrangers est le nom d'un commerçant, c'est à lui que la remise sera faite. Qui en profitera au contraire s'il s'agit d'un nom de lieu ?

M. Bédarride enseigne que tous les fabricants de la localité dont le nom a été supposé ou altéré ayant un droit égal, on ne peut enrichir l'un d'eux au détriment des autres ; et il en conclut que personne n'étant propriétaire exclusif du nom la confiscation sera faite au profit du trésor[3].

Ceci peut bien être admis si aucun des fabricants ne se présente dans l'instance, mais s'il s'en présente, la remise des produits confisqués récompen-

1. M. Bédarride, *Marques*, n° 987.

2. M. Pouillet, *Marques*, n° 324.

3. M. Bédarride, *Marques*, 996.

sera leur diligence. Cette solution adoptée par M. Pouillet nous semble préférable [1].

Le nom apposé sur ces produits étrangers peut être un nom imaginaire : l'étranger aura choisi un nom n'appartenant pas véritablement à un commerçant résidant en France ou à une localité française, mais il aura donné à cette marque toutes les apparences d'une marque française ; et pour compléter la fraude, ses produits traverseront la France. On s'est demandé si dans ces conditions la loi de 1857, art. 19, était applicable ?

La raison de douter vient de ce que la loi a été faite dans l'intérêt privé de la propriété des marques ; mais c'est avec raison qu'on ne s'est pas arrêté à cette objection. On ne peut tolérer que des produits étrangers traversent la France pour emprunter à ce passage l'apparence de produits français et aillent ensuite dans d'autres pays discréditer notre industrie. Dans ces cas comme aucun commerçant n'est lésé, la confiscation est prononcée au profit de l'Etat [2].

On s'est demandé si l'importateur en France n'était soumis à aucune peine et n'était passible que de la confiscation ?

D'après certains auteurs, la confiscation est seule possible : tandis que l'art. 41 de la loi du 5 juillet 1844 punit l'introduction en France des objets contrefaits des mêmes peines que la contrefaçon, les art. 7 et 8 de la loi de 1857 ne prévoient pas ce fait. L'introduction en France des objets revêtus de noms supposés ou

1. M. Pouillet, *Marques*, n° 318.

2. M. Pouillet, *Marques*, n° 310.

C. Rouen 25 février 59, Pataille 64, 66. Octobre 63, Pataille 64, 68. Octobre 63, Pataille 64, 69.

altérés n'étant prévue que par l'art. 19, on ne peut lui appliquer d'autre répression que celle établie par cet article, c'est-à-dire la confiscation [1].

Dans un autre système, à notre avis préférable, outre la confiscation on applique à cette introduction en France les peines portées par la loi.

Comme le fait très justement remarquer M. Pouillet, on peut voir dans cette introduction en France de produits revêtus de fausses marques, un usage en France de marque contrefaite, fait réprimé par les art. 7 et 8 de la loi de 1857.

« Il est hors de doute, ajoute ce savant auteur, que l'introducteur, lors même qu'il se borne au transit, a pour but de donner à sa marchandise une apparence française : l'introduction est donc nécessairement liée à un usage en France de la marque contrefaite. La loi n'avait pas dès lors de peine à prononcer puisque la peine était déjà écrite dans d'autres dispositions. »

En somme, l'art. 19 a tranché la question qui s'était élevée sur le transit, il autorise la saisie : la saisie une fois faite, les dispositions pénales de la loi doivent s'appliquer.

Ces pénalités seront celles établies par la loi de 1857 et en un mot, au point de vue du transit, nous assimilerons le nom commercial à la marque, c'est, du reste, ce que fait l'art. 19.

Nous n'irons cependant pas jusqu'à exiger la formalité du dépôt pour assurer à la marque nominale, au point de vue du transit, la protection de la loi de 1857,

1. En ce sens M. Bédarride, *Marques*, n° 993. — M. Rendu, *Marques*, n° 359.

et ce qui confirme cette solution c'est que la jurisprudence admet la saisie d'une marchandise revêtue d'une marque nominale imaginaire dès l'instant qu'elle présente l'apparence d'une origine française [1].

1. Voir les arrêts précités de la Cour de Rouen.

CHAPITRE III

POURSUITES ET PÉNALITÉS.

SECTION I

A qui appartient le droit de poursuite ?

I

Pour que la poursuite soit possible, il suffit qu'il y ait une altération ou une supposition de nom : la propriété du nom étant de droit naturel, aucune condition préalable ne peut être exigée pour autoriser l'action : en conséquence, le propriétaire du nom commercial, pour le voir protégé par la loi de 1824, n'est pas tenu d'en effectuer le dépôt [1].

Le projet de loi du 26 mai 1879 a adopté la même règle et son art. 1er § 2, porte que l'acquisition et la conservation du nom ne sont soumises à aucune formalité particulière.

Cette disposition paraît fort raisonnable ; elle a été cependant critiquée comme inutile ; du moment, a-t-on dit, que la loi ne prescrit aucune formalité, il est clair qu'il n'y en a pas. Ce paragraphe ne serait utile que si la question avait été controversée et elle ne l'a jamais

1. Cassat., 18 nov. 1876, D. P. 78. 1. 492.

été ; dès lors à quoi bon une disposition sur ce point[1] ?

Ces critiques peuvent paraître justes, il est peut-être cependant exagéré de dire que la question ne peut faire difficulté, et un auteur connu[2] appréciant ce projet de loi nous dit que bien des personnes demandaient que le nom fût, comme la marque, soumis au dépôt. De plus ne trouve-t-on pas dans la législation anglaise, d'après la loi du 6 août 1862 combinée avec la loi du 13 août 1875, l'obligation imposée à celui qui se sert de son nom comme d'une marque de se soumettre à la formalité du dépôt.

Dès lors donc qu'il n'est pas exact de dire que la question n'a jamais été soulevée, le projet de loi fait bien de se prononcer ; il évite ainsi les difficultés qui pourraient surgir plus tard.

Au reste ce paragraphe est tout au plus inutile, mais ceux qui le critiquent n'entendent pas défendre le système contraire à celui qu'il adopte.

Si en matière de marque le dépôt est utile comme notification de la volonté de celui qui la prend, cette formalité ne l'est plus lorsqu'il s'agit du nom : il n'est pas nécessaire de proclamer qu'on veut s'en réserver l'usage.

D'après la loi de 1824, le pseudonyme est aujourd'hui assimilé au nom, et le dépôt en est inutile; le projet de loi de 1879, au contraire, considère le pseudonyme comme une marque et comme tel il doit être déposé ; art. 5.

1. M. Pouillet, journal *La propriété industrielle*, 1er juillet 1880.

2. M. Huart, journal *La propriété industrielle*, 15 janvier 1880.

Cette disposition a encore été critiquée [1]; on la trouve déplacée dans un projet de loi sur le nom commercial, on ajoute que le pseudonyme est un véritable nom, servant comme lui à désigner l'individu.

Il nous semble difficile cependant d'assimiler absolument le pseudonyme à un nom, et c'est en ce sens que s'est prononcée la Cour de cassation [2].

Les législations étrangères ont généralement admis le même système que la loi française.

En Belgique le nom commercial est protégé sans aucune formalité, art. 191 C. Pén. Au contraire la marque emblématique, le nom sous une forme distinctive doivent être déposés. Loi du 1er avril 1879.

La loi allemande, du 30 novembre 1874, exigeant le dépôt pour la marque, en dispense le nom.

D'après la loi anglaise du 7 août 1862, la marque, comme le nom, était protégée sans aucune formalité; cet état de choses donna naissance à de graves difficultés, aussi une loi du 14 août 1875 établit-elle un registre pour les marques de fabrique ; et aujourd'hui, au contraire de ce qui se passe chez nous, le nom et la marque doivent être enregistrés.

L'altération ou la supposition d'un nom commercial est, d'après la loi française, un délit pénal dont le ministère public peut poursuivre d'office la répression : il n'a pas à attendre la plainte de la partie lésée. On

1. M. Pouillet, journal *La propriété industrielle*, 1er juillet 1880.

2. Avis sur la proposition de loi, communiqué au garde des sceaux par la Cour de cassation à la suite d'un rapport de M. l'avocat général Desjardins.

En ce sens M. Huart, journal *La propriété industrielle*, 15 janvier 1880.

admet qu'il y a ici un intérêt d'ordre public qui ne se rencontre pas dans la contrefaçon des inventions brevetées [1].

Cette même solution se retrouve dans le projet de loi de 1879, art. 17. C'est aussi celle qui est admise en matière d'usurpation de marques emblématiques, mais plusieurs lois étrangères ont admis le système contraire.

Le Code pénal hongrois du 29 mars 1878 établit que le délit de falsification de marque de fabrique ne peut être poursuivi que sur la plainte de la partie lésée.

Ceci se retrouve encore dans la loi belge de 1879 sur les marques emblématiques, art. 14, et dans la loi suisse du 19 décembre 1879, art. 20. En Suisse cependant la commission du Conseil national avait admis dans son projet la poursuite d'office ; mais on maintint la disposition du projet du conseil fédéral [2].

D'après la loi allemande du 30 novembre 1874, art. 14, § 2, l'action publique ne peut être intentée que sur la plainte de la partie lésée, mais cette solution ne fut admise qu'après de vives discussions lors de la seconde et de la troisième lecture de la loi [3].

La poursuite de la réparation privée appartient à la partie lésée, mais que faut-il entendre par là ?

La partie lésée c'est d'abord certainement l'industriel ou le commerçant dont le nom a été supposé ou altéré : l'intérêt qu'il a à faire cesser cette usurpation,

1. Cassat., 27 février 1880, D. P. 1880, 1, 434.

2. *Annuaire de législat. étrangère*, 1880, p. 609, notes de M. Lyon-Caen.

3. *Annuaire de législat. étrangère*, 1875, pr., 140. — Traduct. et note de M. Lyon-Caen.

son droit à obtenir une réparation du préjudice causé, ne peuvent être contestés. Le même droit appartient aussi à ceux que lui ont succédé dans son commerce.

S'il s'agit d'une raison sociale, le droit de poursuivre les usurpateurs appartient aux représentants de la société ; mais à sa dissolution que deviendra la raison sociale ? Elle disparaît avec la société ; le successeur ne peut que prendre ce titre et rappeler son origine. Mais qui peut se dire successeur et à ce titre poursuivre la répression des usurpations de cette raison sociale?

Si les statuts n'ont pas prévu le cas et que les associés ne puissent s'entendre, M. Bédarride décide que le fonds de commerce doit être licité ; l'adjudicataire aura le droit exclusif de se dire successeur de la société.

M. Pouillet est d'un avis contraire et propose avec raison, croyons-nous, de s'en remettre à la décision des tribunaux. A l'appui de cette solution, ce savant auteur fait très justement remarquer l'iniquité qu'il pourrait y avoir à attribuer le bénéfice de la raison sociale à l'acquéreur du fonds parce qu'il aura mis une plus forte enchère et à en priver l'associé le moins riche dont le nom peut-être composait cette raison sociale [1].

Si le nom usurpé est un nom de lieu, le droit de poursuivre la répression de cette usurpation appartient aux fabricants de cette localité, mais à eux seuls, et non pas à ceux dont les établissements sont situés dans d'autres endroits que le lieu dont le nom a été usurpé.

Ces commerçants étrangers à la localité renommée

1. Bédarride, *Marques*, n° 759. — M. Pouillet, *Marques*, n° 560.

n'ont, en effet, aucun motif de plainte : car les consommateurs que l'usurpateur a attirés par sa fraude ne se seraient point adressés à eux, mais à ceux qui avaient le droit d'apposer sur leurs produits le nom réputé[1].

Ces derniers seuls peuvent donc se plaindre ; ils le peuvent tous, mais leur droit est individuel.

Sans doute ils peuvent se réunir pour agir, ou bien l'un d'eux intentant l'action, les autres peuvent se joindre à lui en intervenant au procès ; mais l'un d'entre eux ne pourrait agir au nom de tous. C'est l'application de la règle que « en France nul ne plaide par procureur[2] ».

Parmi les personnes à qui la supposition ou l'altération d'un nom commercial cause un tort certain, nous rencontrons encore le consommateur. Faut-il lui accorder le droit de poursuivre l'usurpateur au moyen de la loi de 1824?

Les uns estiment que la loi de 1824 a eu pour but de protéger les fabricants et les commerçants contre les atteintes portées à leur achalandage par l'usurpation de leurs noms; mais qu'elle ne réprime pas, dans l'intérêt du consommateur, les tromperies commises au moyen d'indications mensongères.

On fait remarquer, dans ce système, que rien dans les travaux préparatoires ne permet de supposer que le législateur ait entendu protéger les consommateurs et que, dans la loi de 1857, voulant leur accorder une telle protection, on ait cru utile d'y insérer une disposition spéciale, art. 8, §§ 2 et 3.

1. Cassat., 12 juillet 45, D. P. 1, 327.

2. Pouillet, *Marques*, n° 438.

Trib. comm. d'Angers, 20 août 69, *J. du Palais*, 70, 597.

On ajoute que cette solution ne désarme pas le consommateur trompé qui, le plus souvent, pourra invoquer l'art. 423 C. pén., et qui, au moyen de l'art. 47 C. inst. cr., pourra arriver à la répression du délit [1].

La doctrine contraire a prévalu et on admet généralement que le consommateur aura le droit de se plaindre de l'altération ou de la supposition du nom et d'invoquer la protection de la loi de 1824.

La loi de 1824 fait un délit de la tromperie sur le nom du fabricant ou du lieu de fabrication : l'existence de ce délit donne à ceux qui en sont directement ou indirectement lésés le droit d'en provoquer la répression et de poursuivre le tort qu'ils peuvent en avoir éprouvé, et le consommateur peut être au nombre de ces personnes lésées.

Ce qui confirme cette solution, c'est le renvoi de la loi de 1824 à l'art. 423 C. pén. dont elle devient ainsi le complément.

« Cette loi a pour objet de protéger le fabricant contre la fraude qui voudrait usurper sa clientèle ; elle a également pour objet de protéger les consommateurs contre les fausses indications [2]. »

On pourrait se demander l'intérêt pratique de cette discussion ; les deux systèmes admettant l'application de l'art. 423 C.pén., peu importe, semble-t-il, que cet article soit invoqué directement ou par l'intermédiaire de la loi.

1. M. Calmels.—*Marques*, n° 119.—De même Dalloz, *Répert.*, V° *Industrie*, n° 355. — Dalloz, Code de commerce annoté, *Nom commercial* n° 64.

2. M. Pouillet, *Marques*, n° 434. —M. Lyon-Caen, *Cours de législat. industrielle*. — M. Gastambide, *Contref.*, p. 456. — M. Bédarride, *Marques*, n° 795. — M. Ruben de Couder, *Dict. de Dr. Comm.* V° *Nom*, n° 76.

L'intérêt est cependant fort appréciable : tandis que la loi de 1824 s'occupe des tromperies sur la provenance, l'origine des produits, l'art. 423 C. pén. ne vise que les tromperies sur la nature ou la quantité des choses vendues ; d'où il résulte que si on refuse au consommateur le secours de la loi, il ne pourra pas agir dans les cas où le produit par lui acquis sera marqué d'un nom supposé ou altéré du moment qu'il n'aura pas été trompé sur la nature et la quantité de la marchandise.

Le projet de loi de 1879 paraît admettre le système que nous défendons et accorder aux consommateurs le droit de réclamer la protection de la loi ; son art. 15 est ainsi conçu :

« Les actions intentées par la voie civile, ainsi que celles intentées par la voie correctionnelle, pourront être exercées par tous ceux auxquels les faits poursuivis auront causé préjudice. »

II

Le cessionnaire d'un établissement industriel ou commercial peut-il poursuivre l'usurpation du nom du cédant ? Cela revient à se demander si la cession du nom commercial est valable ?

Le nom commercial étant une propriété, il semble qu'il peut être cédé de façon absolue, comme toute propriété le peut être : mais cette solution entraînerait de nombreux et sérieux inconvénients qui s'opposent à ce qu'on l'accepte sans restriction.

On admet la validité de la cession du nom commercial, et alors le cessionnaire peut en poursuivre l'usurpation, lorsqu'elle a lieu accessoirement à celle de l'établissement : le successeur a intérêt à conserver un nom commercial connu.

Cette solution n'est pas contestée, mais que faut-il penser de la cession isolée d'un nom : est-elle valable ? La négative est vivement défendue et c'est avec raison, croyons-nous. Le plus souvent en effet cette cession isolée du nom déguisera une fraude et servira de moyen de concurrence déloyale. « Autoriser de semblables cessions serait permettre à certains industriels dont tout le mérite consiste à porter le nom de quelque fabricant connu, d'en faire un indigne moyen de concurrence en livrant ce nom à des spéculateurs habiles [1]. » Et même dans les cas où il n'y aurait pas de fraude pourquoi reconnaître cette convention ? Elle aurait pour résultat de faire croire à tort que tel commerçant est le successeur de celui dont il prend le nom commercial, ce qui tromperait le public [2].

Le projet de loi de 1879 se prononce en ce sens, il nous dit expressément dans son article 4 : « La propriété du nom et de la raison de commerce ne peut être cédée séparément de la maison qu'ils servent à désigner. »

Cette disposition du projet est cependant critiquée, on lui reproche de porter une atteinte trop évidente à la liberté des conventions.

Le Congrès de la propriété industrielle de 1878 [3]

1. M. Rendu, *Marques*, n° 417.

2. En ce sens, M. Lyon-Caen, *Cours de législation industrielle*. — M. Blanc *de la contrefaçon*, p. 725. — M. Calmels, *Marques*, n° 165 — M. Gastambide, *De la contrefac.*, n° 468. — M. Bédarride, *Marques*, n° 739 bis.

Poitiers, 12 août 56, D. P. 57, 2, 201.

3. Congrès de la propriété industrielle. Séance du 14 septenbre 1878.

a rejeté un projet de résolution conforme à l'art. 4 du projet de loi, et la Cour de cassation s'est aussi prononcée en ce sens [1].

Malgré ces autorités, nous admettrions volontiers le système de l'art. 4 du projet. Comme le faisait très justement remarquer l'honorable M. Lyon-Caen au Congrès de la propriété industrielle, la protection de la marque est établie non seulement dans l'intérêt du fabricant, mais aussi dans l'intérêt du public. La marque est, en quelque sorte, la signature du commerçant et de l'industriel. On ne doit pas rencontrer dans la législation sur les marques des dispositions par suite desquelles le public puisse être induit en erreur et croire que telle marchandise sort d'un établissement quand elle sort d'un autre [2].

Nous rencontrons dans quelques lois étrangères des dispositions semblables à celle du projet de loi de 1879.

La loi anglaise du 13 août 1875 nous dit que quand une marque aura été enregistrée elle ne sera transférée et transmise que conjointement avec la clientèle du commerce ayant trait à ces produits.

Même solution dans la loi suisse du 19 décembre 1879 ; l'article 9 établit que la marque ne peut être transmise qu'avec l'entreprise dont elle sert à distinguer les produits ou marchandises.

De même encore l'art. 7 de la loi belge du 1er avril 1879, dispose que la marque ne peut être transmise qu'avec l'établissement dont elle sert à

1. Avis de la Cour de cassat. sur le projet de loi.

2. M. Lyon-Caen, Congrès de la propriété indust. Séance du 14 septembre 1878.

distinguer les objets de fabrication ou de commerce.

Dans les cas où la cession du nom commercial est valable, le cessionnaire a, vis-à-vis de tous, le droit exclusif d'apposer ce nom sur ses produits et de poursuivre les usurpateurs.

Le cédant ne pourra plus user de son nom pour fonder un établissement similaire et, s'il le fait, on pourra voir un commerçant condamné pour usurpation de nom, alors qu'il ne fait que se servir du sien ; ceci n'a rien de choquant ; c'est ainsi que la cession a dû être entendue par les parties et il serait souverainement injuste de permettre au cédant de se servir de son nom pour faire concurrence à son cessionnaire.

Les héritiers du cédant ne peuvent avoir plus de droit que lui ; mais ce nom commercial cédé peut être leur nom patronymique et, dans ce cas, ne doit-on pas leur reconnaître le droit, tout en respectant la convention, de prendre certaines mesures pour sauvegarder l'honneur de leur nom ?

M. Bédarride enseigne la négative, ce serait, d'après lui, nuire au successeur qui peut avoir payé fort cher le droit de se servir de ce nom : ce serait méconnaître la convention intervenue entre les parties et violer l'art. 1134, C. civ. [1].

Quelle que soit la valeur de ces raisons, elles ne nous semblent pas décisives : il est bien vrai que la famille du cédant, en faisant faire défense au cessionnaire de se servir, un certain temps écoulé, du nom du cédant, fait tomber la convention intervenue entre

1. M. Bédarride, *Marques*, n° 757.

les parties, mais cela ne tient-il pas à ce que le commerçant, en cédant ainsi son nom, sans limiter la durée de cette jouissance, a outrepassé ses droits.

Propriétaire de son nom, il peut en disposer dans une certaine mesure, mais cette mesure est fixée par les droits que peuvent avoir les autres membres de la famille porteurs du même nom. Le commerçant n'est que copropriétaire de son nom, et il serait inique de lui permettre d'en disposer pour l'avenir, pour un temps indéfini, sans accorder aux siens le droit de prendre leurs précautions contre des accidents toujours possibles. Il n'est pas sérieux de dire que ce nom ne court aucun risque. Combien d'établissements sont encore connus sous le nom du fondateur, dont la marque nominale est encore ce nom, alors que bien des propriétaires se sont succédé depuis la première cession et ont ainsi pu, sous le couvert de ce nom, faire fortune *incognito*, suivant l'expression de M. Gastambide.

Le public ne connaissant que ce nom, c'est sur lui que rejaillira la mauvaise renommée si cet établissement vient à être mis en faillite.

C'est contre ces éventualités fâcheuses que la famille du cédant a le droit de se prémunir.

Il y a ici en présence deux intérêts à concilier[1] : les tribunaux auront donc à déterminer un délai suffisant pour assurer à l'acquéreur la transmission de l'achalandage, le maintien et la continuation de la clientèle ; ce temps écoulé, le successeur ne pourra plus

1. M. Rendu, *Marques*, n° 418. — M Gastambide, *Contref.*, n° 467. M. Calmels, *Marques*, n° 161. — Dalloz, *Rép.* V° *Industrie*, n° 347. M. Lyon-Caen, *Cours de législat. industrielle.*

user du nom qui rentrera dans le domaine de la famille.

Ce droit de la famille réservé, le nom commercial appartient au cessionnaire et, comme nous l'avons dit, il peut en poursuivre l'usurpation :

SECTION II

Constatation du délit

On sait que la loi du 5 juillet 1844, sur les brevets d'invention, accorde au propriétaire du brevet le droit de faire procéder par tous huissiers à la désignation et description détaillées avec ou sans saisie des objets contrefaits, art. 47. L'art. 17 de la loi du 23 juin 1857 accorde le même droit au propriétaire d'une marque emblématique.

Ces dispositions sont établies contre les contrefacteurs d'une invention brevetée et les usurpateurs d'une marque emblématique, afin qu'ils ne puissent, les poursuites commencées, faire disparaître le corps du délit.

La question s'est élevée de savoir si le propriétaire d'un nom commercial ne pourrait obtenir l'autorisation, lui aussi, de faire procéder à une saisie des produits revêtus faussement de son nom.

Il est bien évident que, pour accorder un pareil droit à celui dont le nom commercial a été apposé sur des produits qui ne sortent pas de chez lui, ce n'est pas sur la loi de 1824 qu'on pourrait se fonder ; mais certains auteurs ont soutenu que cette loi avait été modifiée sur ce point par la loi du 23 juin 1857.

Cette solution, à notre avis, ne peut être acceptée ; l'article 17 de la loi de 1857 réserve cette procédure « aux produits marqués en contravention aux dispositions de la présente loi » ; et il ne dit pas un mot de la loi de 1824 et du nom commercial.

Dans l'art. 19 de cette même loi, au contraire, le législateur a pris soin de nous prévenir que les dispositions qu'il contenait étaient applicables au nom commercial : aucune mention semblable ne se trouve dans l'art. 17 et ne permet de croire à une extension sur ce point de la loi de 1824.

Ce qui doit rendre encore plus circonspect et faire hésiter avant d'introduire la procédure de la saisie dans la loi de 1824, c'est que si la saisie a de grands avantages pour le prétendu lésé, elle entraîne de graves périls pour le prétendu usurpateur et n'est quelquefois qu'un moyen de concurrence déloyale. Dans ces conditions, il nous semble difficile d'admettre la possibilité de cette saisie en dehors de textes formels.

Les mêmes raisons nous conduisent à refuser au commerçant qui se prétend victime d'une altération ou supposition de nom, le droit de « faire procéder par huissier à une désignation et description détaillées » : aurait là un moyen trop facile d'inquiéter un concurrent sur de simples soupçons[1].

Lorsqu'il y aura réellement sur des produits fabriqués apposition d'un nom supposé ou alteré, le commerçant qui se prétendra lésé fera, comme il le pourra,

1. En ce sens M. Rendu, *Marques*, n° 461. — M. Lyon-Caen à son *Cours*. *Contrà* M. Pouillet, *Marques*, n° 441. Hésitant sur la possibilité d'une saisie, cet auteur croit que le président pourra autoriser une descripion

la preuve de cette usurpation. Le plus simple sera de représenter des marchandises achetées chez le délinquant et d'établir la réalité de l'achat soit par des témoins, soit par procès-verbal d'huissier.

Le projet de loi du 26 mai 1879, dans son art. 13, renvoie à l'art. 17 de la loi du 23 juin 1857 et autorise par conséquent la saisie-description comme moyen de constater l'usurpation d'un nom commercial.

La loi suisse du 19 décembre 1879, art. 21, établit aussi la description et la saisie comme moyen de constatation du délit.

La loi belge au contraire n'autorise jamais la saisie-description.

Pour l'usurpation du nom commercial, l'art. 19 du Code pénal qui la réprime est muet à cet égard, il ne peut donc en être question.

Quant à la loi du 1er avril 1879, sur les marques emblématiques, le projet du gouvernement contenait sept articles réglementant en détail la saisie et la description des objets illégalement marqués.

Ces articles furent supprimés : on trouva exorbitant ce droit de faire une saisie-description qui permet à des concurrents de pénétrer dans des usines ou ateliers, sous le prétexte de constater une prétendue contrefaçon, mais le plus souvent, en réalité, avec la pensée secrète de surprendre des procédés [1].

La loi allemande du 30 novembre 1874 et les lois anglaises du 7 août 1862 et 13 août 1875 n'établissent pas non plus cette procédure de la saisie-description.

1. Amendement de M. Olin. *Annuaire de législation étrangère*, 1880, p. 478, note de M. Lyon-Caen.

SECTION III

Tribunaux compétents

L'apposition sur des produits fabriqués d'un nom commercial altéré ou supposé étant prouvée, l'usurpateur aura à répondre de son délit.

Que l'action publique soit exercée par la partie lésée ou d'office par le ministère public, elle doit être portée devant le tribunal correctionnel.

Quant à l'action civile intentée isolément de l'action publique, devant quelle juridiction devra-t-elle être portée ?

Le litige étant commercial et par la matière et par la qualité des parties, c'est le tribunal de commerce qui doit être compétent, art. 631 C. comm.

Cette solution cependant n'est pas admise sans difficulté et certains auteurs ont soutenu la compétence de la juridiction civile par extension de la loi du 23 juin 1857. L'art. 16 de la loi de 1857 donne en effet compétence au tribunal civil à l'effet de statuer sur les demandes en réparation privée en matière de contrefaçon de marques emblématiques et on s'est demandé pourquoi, quand il s'agit de l'usurpation d'une marque nominale, la compétence était attribuée à une autre juridiction ?

Cette différence ne peut être expliquée que par le laps de temps qui sépare ces deux lois, mais quelque insuffisante que soit une telle raison, cela ne peut nous autoriser à modifier la loi.

Le tribunal de commerce doit donc être reconnu comme compétent en notre matière pour statuer sur l'action en réparation privée [1]. C'était du reste cette même solution que proposait l'exposé des motifs de la loi de 1857 : ce n'est que dans le rapport après les travaux de la commission que cette compétence fut enlevée au tribunal de commerce pour être attribuée au tribunal civil.

Parmi les partisans de la compétence du tribunal de commerce, il en est quelques-uns qui hésitent à lui reconnaître le droit d'ordonner la destruction des étiquettes ou enveloppes portant le nom usurpé.

C'est là un scrupule singulier, et, comme le fait très justement remarquer M. Pouillet, qui cependant attribuerait volontiers la compétence aux tribunaux civils, si on reconnaît la compétence des tribunaux de commerce, il faut leur donner le moyen de réprimer la fraude et d'en empêcher le renouvellement [2].

D'après le projet de loi du 26 mai 1879, art. 14, les actions intentées par la voie civile seront portées devant les tribunaux civils et jugées comme affaires sommaires, à moins que les contestations n'existent entre commerçants ; dans ce cas les tribunaux consulaires seront compétents conformément à l'art. 1631, C. comm.

Cet article du projet a été critiqué comme superflu, car il ne fait que consacrer l'application du droit commun : il faudrait, dit-on, le supprimer, ou plutôt le modifier dans le sens de la loi de 1857 en attribuant la compétence aux tribunaux civils pour les contestations

1. M. Lyon-Caen, *Cours de législation industrielle*. — M. Bédarride, *Marques*, n° 797. — M. Rendu, *Marques*, n° 460.
Colmar, 67, *Journ. du Palais*, 1868, 443.
Contra. M. Pouillet, *Marques*, n° 442.
2. M. Pouillet, *Marques*, n° 444.

relatives à la propriété des noms et cela même entre commerçants. On ajoute, à l'appui de cette opinion, que cela établirait l'uniformité dans notre législation [1].

La Cour de cassation partage cette manière de voir; à propos de cet art. 14, elle fait remarquer que toute notre législation réserve la connaissance des questions de propriété aux tribunaux civils; que la loi du 5 juillet 1844 a attribué à ces tribunaux la connaissance de toutes les questions de propriété relatives aux brevets d'invention même entre commerçants et que la loi du 23 juin 1857 statue de même pour les marques de fabrique.

Pour ne pas causer une discordance dans notre législation, la Cour de cassation est d'avis de consacrer le même principe pour les actions relatives aux noms commerciaux [2].

Il serait en effet à désirer que, pour toutes ces matières, il n'y eût qu'une seule juridiction compétente; mais il nous semble que c'est aux tribunaux consulaires que cette compétence devrait être attribuée.

La règle admise pour la compétence en matière de nom commercial est conforme aux principes généraux selon lesquels les tribunaux de commerce sont compétents pour statuer sur les actions en dommages-intérêts fondées sur des délits commis par des commerçants dans l'exercice de leur commerce, art. 631, C. comm.

Les raisons sur lesquelles on s'appuie pour déroger aux principes sont peu décisives.

1. M. Pouillet. Journal *La propriété industr.*, 15 juillet 1880.

2. Avis de la Cour de cassation. Journ. *La propr. indust.*, 1er mai 1880.

On a dit que les tribunaux de commerce n'avaient pas compétence pour statuer sur des questions de propriété; mais, ce disant, on oublie que ces tribunaux statuent sur ces questions quand elles se rattachent à des contestations de leur compétence.

On a aussi objecté que la loi s'appliquant aux marques apposées sur des produits agricoles, la compétence attribuée aux tribunaux consulaires soumettrait à une juridiction exceptionnelle des personnes étrangères au commerce.

En donnant cet argument, on oublie que les produits de l'agriculture comme ceux de l'industrie peuvent être l'objet d'un commerce.

Du reste, comme le fait remarquer M. Lyon-Caen, ce qu'il faudrait, ce serait non pas attribuer une compétence exclusive aux tribunaux de commerce mais soumettre simplement cette matière à l'application des principes du droit commun [1].

Cette compétence du tribunal de commerce en matière de nom commercial et de marque est établie par plusieurs lois étrangères.

L'art. 18 de la loi danoise du 2 juillet 1880 porte que les procès civils fondés sur l'application des dispositions de la loi seront traités comme matière de commerce.

C'est aussi le système adopté dans la loi allemande du 30 novembre 1874 : aux termes de l'art. 19, les procès privés, auxquels donneront lieu les prétentions fondées sur cette loi, seront considérés comme affaires

1. M. Lyon-Caen. Congrès de la propriété industrielle. Compte rendu des travaux, p. 595. — Mémoire sur la nécessité de l'uniformité des lois sur les marques de fabrique.

commerciales dans le sens des lois de l'Empire et des différents États de l'Allemagne.

Il résulte de là que les tribunaux de commerce sont compétents en Allemagne pour connaître des procès concernant les marques et que la compétence en dernier ressort appartient en cette matière au tribunal supérieur de commerce établi à Leipsig[1].

En Belgique, les actions civiles en usurpation de nom commercial sont de la compétence des tribunaux de commerce, et la loi du 1er avril 1879, art. 15, établit la même solution pour les usurpations de marques emblématiques.

Nous avons dit plus haut qu'en France, lors de la discussion de la loi de 1857 sur les marques le projet du gouvernement admettait la compétence des tribunaux de commerce et que ce fut la Commission du Corps législatif qui y substitua la compétence des tribunaux civils.

En Belgique, c'est l'incident contraire qui s'est produit : la loi belge du 24 mai 1854 sur les brevets d'invention attribuant la compétence aux tribunaux civils, dans un but d'unification, le projet du gouvernement attribuait, en matière de marques, la compétence aux mêmes tribunaux : ce fut la commission qui refusa d'admettre ce système et fit établir la compétence des juridictions consulaires : dans son rapport elle déclara que les questions relatives à la propriété des marques de fabrique ou de commerce, à leur contrefaçon, à l'étendue du dommage que celle-ci peut causer, sont

1. Loi allemande. — *Annuaire de législation étrangère*, 1878, p. 140, traduction et notes de M. Lyon-Caen.

en quelque sorte par essence des questions commerciales.

Si l'on devait, ajoutait le rapporteur, restreindre la compétence des tribunaux de commerce, ces questions sont les dernières dont il faudrait leur enlever la connaissance[1].

SECTION IV

Pénalités

Antérieurement à la loi de 1824 l'usurpation du nom commercial était déjà réprimée pénalement, mais les peines étaient trop rigoureuses.

La loi du 22 germinal an XI assimilant l'usurpation de la marque au faux en écritures privées la punissait des mêmes peines, c'étaient alors les fers et la flétrissure.

Lors de la rédaction du Code pénal de 1810, l'assimilation fut maintenue, et le châtiment d'usurpation de la marque fut alors la réclusion ; art. 142 et 143 Code pénal.

Ces peines excessives paralysaient l'application de la loi : en exagérant la répression, le législateur avait dépassé le but poursuivi : les commerçants lésés hésitaient à se plaindre et, quand ils le faisaient, le plus souvent le coupable était acquitté.

Cet état de choses demandait un remède, et la loi de juillet 1824, innova sagement en modérant les rigueurs de la loi de germinal et en remplaçant les peines criminelles par des peines correctionnelles.

1. Loi du 1er avril 79, *Annuaire de législat. étr.* 1880, p. 467, notes de M. Lyon-Caen.

La loi de 1824, quant à la sanction pénale du délit qu'elle prévoit, se réfère au Code pénal, art. 423.

Cet article prononce trois peines différentes : l'emprisonnement, l'amende et la confiscation des objets du délit ou de leur valeur, s'ils appartiennent encore au vendeur.

Le tribunal doit, de plus, prononcer la confiscation et la destruction des instruments ayant servi à commettre le délit; il peut enfin ordonner l'affiche du jugement et son insertion dans les journaux.

Quant à l'emprisonnement, sa durée sera de trois mois au moins et de un an au plus.

L'amende ne pourra excéder le quart des restitutions et dommages-intérêts ni être au-dessous de cinquante francs.

En établissant ainsi un maximum et un minimum, la loi permet aux juges de tenir compte des circonstances de la cause, de plus le minimum peut encore être abaissé par l'application de l'art. 463 Code pénal et l'admission des circonstances atténuantes.

La loi, il est vrai, ne s'est pas expliquée sur l'admission des circonstances atténuantes, mais se référant au Code pénal pour la sanction, il semble qu'on ne puisse élever de difficulté à cet égard ; c'est du reste ce qui est admis.

En outre de l'emprisonnement et de l'amende, l'art. 423 prononce une troisième peine, la confiscation, à propos de laquelle différentes questions se sont posées.

Et d'abord la loi est formelle ; la confiscation doit être prononcée, mais ceci n'est imposé que si les objets se trouvent encore entre les mains du vendeur, ou si le prix lui en est encore dû. Si en effet l'objet acquis a passé dans les mains de l'acheteur et que le prix en ait été payé, c'est lui qui aurait été puni, si, outre la fraude dont il a déjà été victime, il eût eu à subir la confiscation.

Il est bien vrai qu'en pareilles circonstances on lui aurait accordé un recours contre son vendeur, mais, sans compter les embarras et les frais, ce recours eût été le plus souvent inutile à cause de l'insolvabilité probable du vendeur.

L'art. 423 du Code pénal ne prévoit que le cas où le vendeur et l'acheteur se trouveront en présence et suppose la plainte portée par l'acheteur. Dans les hypothèses régies par la loi de 1824 la plainte viendra le plus souvent du fabricant dont le nom aura été usurpé, ou bien les poursuites seront intentées d'office par le ministère public : le mot vendeur de l'art. 423 C. pén., doit ici être entendu dans le sens de auteur du délit ou complice.

Pour l'auteur du délit en la possession duquel les objets revêtus du nom supposé ou altéré ont été trouvés, la confiscation est obligatoire. Il en sera de même pour le complice s'il est condamné ; mais nous savons que pour lui l'acquittement est possible s'il n'a pas agi sciemment ; s'il est acquitté, la confiscation doit-elle être prononcée ?

M. Bédarride enseigne que même au cas d'acquittement du complice les objets par lui exposés en vente ou mis en circulation doivent être confisqués, car outre la culpabilité de l'agent « il y a la culpabilité des objets [1] » : mais pour que cette confiscation soit

1. M. Bédarride, *Marques*, n° 727. — M. Pouillet, *Marques*, n° 446.

possible, il faut que les objets revêtus du nom supposé ou altéré appartiennent au vendeur, ou que la valeur lui en soit encore due. Mais si au contraire le débitant poursuivi pour vente ou mise en vente a payé à l'usurpateur le prix des objets revêtus du nom usurpé, et qu'il soit acquitté comme n'ayant pas agi sciemment, la confiscation ne peut être prononcée à son détriment.

Les produits sur lesquels aura été apposé le nom commercial supposé ou altéré resteront donc en la possession de ce commerçant acquitté, mais ceci est sans inconvénient, car désormais s'il les vend ou les met en vente sous le nom usurpé, comme il aura cette fois agi sciemment, il tombera sous le coup de la loi de 1824, et de nouvelles poursuites ayant lieu contre lui, elles aboutiraient à une condamnation. Il est donc certain que si par la suite il dispose de ces objets laissés entre ses mains ce ne sera qu'après en avoir fait disparaître le nom usurpé.

L'admission des circonstances atténuantes ne permet pas aux juges de ne pas prononcer la confiscation : la question avait été soulevée, mais c'est en ce sens que s'est prononcée la Cour de cassation. « L'art. 423 C. pén., ne peut servir à faire remise de la confiscation puisque cet article ne parle que des réductions ou remises dont peuvent être susceptibles l'emprisonnement et l'amende [1]. »

La confiscation étant prononcée, que doit-elle comprendre ? On admet généralement que la confiscation devant être restreinte aux objets du délit, elle ne peut s'étendre aux marchandises sur lesquelles a été ap-

1. C. de Cassation, 4 décembre 1839, D. P. 40, 1, 377.

posé le nom supposé ou altéré, à moins que la séparation du nom apposé et de l'objet fabriqué ne soit impossible. Cette indivisibilité entraînerait la confiscation de l'objet fabriqué lui-même [1].

Les objets confisqués ne pourront-ils pas être remis à titre de dommages-intérêts à celui dont le nom a été usurpé, comme cela se fait en matière de contrefaçon de la marque emblématique?

On l'a soutenu : tout en reconnaissant que le droit d'attribuer ces objets à celui dont le nom a été usurpé ne peut résulter des termes de l'art. 423 C. pén., on fait remarquer que cet article se place dans une hypothèse spéciale, celle où la tromperie est commise au préjudice d'un acheteur. Si l'objet est entre les mains de l'acheteur et payé, il n'y a pas de confiscation; si au contraire il se trouve encore entre les mains du vendeur, la confiscation a lieu, mais l'objet confisqué n'a pas à être remis à l'acheteur qui n'en a que faire.

La loi de 1824, au contraire, supposant que la fraude nuit à celui dont le nom a été usurpé, pourquoi ne pas lui accorder ces objets à titre de réparation?

On ajoute que la loi de 1857 doit avoir tranché la question en ce sens et il ne faut pas voir là, dit-on, l'extension d'une loi pénale, car cette solution profite au coupable en diminuant d'autant les dommages-intérêts qu'il aura à payer [2].

Ce système nous semble inacceptable en présence des termes formels de l'art. 423, C. pén. L'attribution

1. M. Calmels, *Marques*, n° 146.— M. Blanc, *De la contrefaçon*, p. 783.
2. M. Bédarride, *Marques*, n° 728 (bis).

faite à l'État par cet article met obstacle à toute autre allocation[1].

D'après l'art. 23 du projet de loi de 1879 qui renvoie à l'art. 14 de la loi du 23 juin 1857, les produits revêtus de noms supposés ou altérés pourront être confisqués et remis au propriétaire du nom usurpé ou altéré, indépendamment deplus amples dommages intérêts.

En Belgique l'usurpation du nom commercial est réprimée, par le Code pénal art. 191, et la preuve évidente que la loi de 1879 n'a pas modifié cette situation résulte d'un incident de la rédaction de cette loi.

L'art. 17 de la loi du 1er avril 1879 sur les marques emblématiques énumère un certain nombre d'articles du Code pénal abrogés par la loi en tant qu'ils s'appliquent aux marques. Dans le projet du gouvernement, l'art. 191, C. pénal, figurait parmi ces articles abrogés : la section centrale le retrancha de cette liste, faisant observer dans son rapport que cet article était fort utile puisqu'il punissait l'usurpation du nom d'un fabricant apposé sur des produits, tandis que la loi nouvelle ne s'occupait que des marques emblématiques[2].

L'art. 191 punit l'altération ou la supposition du nom commercial d'un emprisonnement d'un mois à six mois. Lors de la rédaction du Code pénal belge, une modification avait été proposée et on avait

1. M. Rendu, *Marques*, nº 458. — M. Ruben de Couder, *Diction. de Droit comm.* Vº *nom*, nº 90.

2. Loi du 1er avril 1879, *Annuaire de législat. étrang.*, 1880, p. 467, note de M. Lyon-Caen.

voulu, pour ces faits d'usurpation de nom, établir un emprisonnement de deux mois à trois ans. Ce fut le ministre de la justice qui s'y opposa, trouvant cette répression exagérée.

L'art. 17 de la loi danoise du 27 juillet 1880 porteque le coupable est tenu d'enlever la désignation non autorisée ou même de détruire les marchandises ou leur emballage. S'il a agi sciemment, outre l'obligation de réparer le dommage causé, il est soumis aux peines portées par l'art. 278 C. pén.

D'après la loi anglaise, la sanction pénale est régie par les règles du droit commun. Elle consiste en amende, en confiscation des objets frauduleusement marqués, des instruments et ustensiles ayant servi à la contrefaçon, le tout au profit de l'État.

En Prusse les faits d'usurpation de nom furent d'abord réprimés par l'art. 269 du Code pénal prussien qui n'établissait la peine de l'emprisonnement qu'en cas de récidive.

Plus tard ces faits furent prévus et réprimés par l'art. 287 du Code pénal allemand, promulgué le 31 mai 1870 sous le nom de Code pénal de la Confédération de l'Allemagne du Nord, puis étendu par la loi du 15 mai 1871, sous le titre de Code pénal de l'Empire d'Allemagne à tout le territoire du nouvel empire [1].

Aux termes de l'art. 287, était puni d'une amende de 500 à 1,000 thalers ou d'un emprisonnement de six mois au plus celui qui avait faussement marqué

1. Le Code pénal allemand a été modifié et complété par une loi du 26 février 1876.

des marchandises ou leur enveloppe du nom ou de la raison de commerce d'un fabricant ou commerçant de l'empire.

Cet article ne réprimait que l'usurpation du nom commercial et ne s'occupait pas des marques emblématiques.

Lorsque le parlement de l'empire demanda, sur la motion de plusieurs de ses membres, qu'il lui fût présenté une loi sur les marques de fabrique, le commissaire fédéral combattit cette demande au nom du Conseil fédéral, soutenant que cet art. 287 remplissait le but proposé dans presque tous les cas et que le nombre de ceux dans lesquels il était insuffisant ne motivait pas la confection d'une loi générale sur les marques de fabrique.

Malgré cette opposition, la loi fut faite, c'est la loi du 30 novembre 1874 qui s'occupe du nom commercial et de la marque emblématique et dont l'art. 14 remplace l'art. 287 du Code pénal allemand.

Ces art. 14 dispose que quiconque appose sciemment, sans droit, sur des marchandises ou sur leur enveloppe le nom, la raison de commerce ou la marque d'un producteur ou d'un commerçant résidant en Allemagne ou quiconque met en vente ou expose sciemment des marchandises sur lesquelles des marques ont été apposées sans droit est puni d'une amende de 150 à 3,000 marks ou d'un emprisonnement de six mois au plus.

L'art. 17 de la même loi de 1874 ajoute que quand il y aura condamnation en vertu de l'art. 14 il pourra, sur la demande de la partie lésée, être ordonné que les marques apposées sur les marchandises ou enveloppes se trouvant entre les mains du coupable soient détruites, et même si la destruction des marques n'est pas possible autrement, on détruira les enveloppes et les marchandises[1].

SECTION V

Dommages-intérêts

La partie lésée par le délit a droit à une indemnité; elle pourra réclamer des dommages-intérêts. C'est un principe que nous trouvons dans l'art. 1382 Code civ., et qui se trouve reproduit dans l'art. 1er de la loi de 1824. Le juge a sur ce point une latitude absolue[2].

L'industriel d'une ville dont le nom a été usurpé a certainement le droit de poursuivre la répression de cette usurpation, mais peut-il comme celui dont on a usurpé le nom commercial réclamer des dommages-intérêts ?

La négative a été soutenue : pour qu'on accorde des dommages-intérêts, il faut connaître le préjudice à réparer, et comme en cas d'usurpation d'un nom de ville il y a préjudice collectif, que l'appréciation du tort individuel est impossible, il ne peut pas, concluait-on, y avoir lieu à dommages-intérêts[3].

Le système contraire nous paraît préférable en présence des termes de la loi qui accorde des dommages-

1. *Annuaire de législat. étrangère.* — Code pénal. Traduct. de M. Ribot, 1872, p. 155. — Loi de 1874. Traduction et notes de M. Lyon-Caen, 1875, p. 140.

Voir aussi Pataille, 75, 145.

2. M. Rendu, *Marques*, n° 458.

3. Bédarride, *Marques*, n° 793.

intérêts à la partie lésée par l'usurpation sans faire aucune distinction. Cette solution peut donner lieu à des difficultés, mais ce sont des questions à trancher en fait[1].

C'est en ce sens que s'est prononcée la Cour de Paris. Elle a décidé que l'industriel qui a sa fabrique dans un lieu ayant acquis une certaine célébrité pour un genre de produits et qui fait condamner un autre fabricant pour usurpation du nom de cette localité ne saurait obtenir à titre de dommages-intérêts la totalité des bénéfices que cette usurpation peut avoir procurés à ce dernier, lorsqu'il existe dans la localité d'autres fabricants du même produit. Il n'a droit qu'à la réparation du préjudice personnel qu'il a éprouvé.

Il convient de faire remarquer que, malgré la loi du 22 juillet 1867, le recouvrement de ces dommages-intérêts peut être assuré par la contrainte par corps.

En effet cette loi tout en abolissant en principe la contrainte par corps, la laisse subsister pour assurer le recouvrement des condamnations civiles prononcées en réparation d'un crime ou d'un délit : et, aux termes de l'art. 5, ceci s'étend au cas où les condamnations ont été prononcées par les tribunaux civils au profit d'une partie lésée, pour réparation d'un crime, d'un délit ou d'une contravention reconnus par la juridiction criminelle.

Mais il faut s'en tenir aux termes de la loi et si, par exemple, c'était le prévenu d'usurpation du nom qui triomphait et obtenait contre le plaignant une condamnation à des dommages-intérêts, la contrainte

1. M. Pouillet, *Marques*, n° 450.
2. C. de Paris, 12 août 1864, Pataille, 65, 38.

par corps ne pourrait être prononcée au profit du prévenu[1].

Les lois étrangères accordent presque toutes à la victime de l'usurpation de nom le droit de réclamer des dommages-intérêts : quelques-unes autorisent le tribunal à lui remettre les objets confisqués à titre d'indemnité.

Ces règles n'ont rien de spécial et ne sont que l'application des principes du droit commun ; la loi allemande contient cependant une particularité qu'il est bon d'indiquer. Aux termes de l'art. 46, le tribunal a pleine liberté pour apprécier, d'après toutes les circonstances, s'il y a dommage et quel en est le montant; mais l'art. 15 dispose que, à la place de l'indemnité fondée sur les dispositions de cette loi, la partie lésée peut demander qu'outre la peine une composition qui sera de 5,000 marks au maximum lui soit allouée. La condamnation à une composition exclut toute autre indemnité.

Cette composition est une indemnité fixée à forfait par le juge et qui diffère à la foi de l'amende et des dommages-intérêts.

A la différence de l'amende, elle est acquise à la partie lésée, tient lieu d'indemnité, suppose l'existence d'un dommage, ne peut se convertir en une peine corporelle, est prononcée en sus de la peine et n'est due qu'une fois s'il y a plusieurs condamnés.

Elle diffère des dommages-intérêts en ce qu'elle est prononcée sans estimation du dommage, contre le

1. Paris. 30 août 68, 8 mars 68, Pataille, 68,179.
Paris, 10 juin 75, Pataille, 76, 298.

coupable seulement, accessoirement à la peine et dans les limites d'un maximun fixé par la loi [1].

1. M. Gide, *Annuaire de législation étrangère*, 1872, p. 211, note 3. — M. Lyon-Caen. Loi de 1874, *Annuaire de législation étrangère*, 1875, p. 145, note 2.

CHAPITRE IV

DE LA CONCURRENCE DÉLOYALE AU MOYEN DU NOM COMMERCIAL.

La loi de 1824 ne réprime que l'apposition sur des produits fabriqués d'un nom altéré ou supposé. En dehors des cas prévus par ce texte, il est de nombreux faits d'usurpation du nom commercial qui donnent à celui qui en est victime le droit de prétendre à une réparation. Ce sont des faits de concurrence déloyale.

En général on peut dire que la concurrence déloyale existe lorsque, par des moyens frauduleux, un commerçant cherche à enlever à un autre sa clientèle, et en ce sens les faits prévus et réprimés par la loi de 1824 et dont nous nous sommes occupés jusqu'ici sont des faits de concurrence déloyale : mais en pratique on réserve ce nom aux faits déloyaux qui ne sont que des délits civils et ne peuvent donner lieu qu'à une action en dommages-intérêts en vertu de l'art. 1382 C. civ.

Il est regrettable que ces faits déloyaux ne tombent pas sous le coup d'une loi pénale : pour expliquer cette anomalie on a dit que l'apposition sur des produits fabriqués d'un nom supposé ou altéré était, de tous ces faits de concurrence déloyale, le plus dangereux, celui qu'il importait le plus de réprimer parce que les produits ainsi marqués étant répandus partout la vérification était souvent bien difficile.

Mais cette raison n'est exacte qu'en partie, l'usurpation du nom peut avoir lieu par apposition sur des factures, sur des prospectus ; le danger est le même et cependant la sanction diffère.

Les inconvénients de cette distinction ont été compris et dans le projet de loi du 26 mai 1879 sur la protection du nom commercial, l'art. 8 fait de l'usurpation du nom commercial, quelle que soit la forme qu'elle révèle, un délit correctionnel.

Nous ne nous occuperons de ces faits de concurrence déloyale qu'en tant qu'ils sont accomplis au moyen du nom commercial. Ils sont nombreux et nous ne pourrons les exposer tous : il est impossible en effet de suivre la fraude à travers tous les déguisements que suggère l'intérêt aux commerçants déloyaux. Nous nous contenterons de passer en revue les principaux de ces faits, ceux qui ont attiré le plus souvent l'attention des tribunaux.

C'est toujours la même fraude ; c'est toujours le même but poursuivi par les artifices les plus variés, entraîner une confusion entre deux maisons et attirer par des moyens malhonnêtes une clientèle que le concurrent s'est attachée par son honnêteté, par son habileté. Pour cela on aura recours aux expédients les plus divers : tantôt, et c'est un moyen fort en honneur, on se servira d'une similitude de nom ; ou bien à son défaut on recherchera un homonyme du concurrent et on lui achètera le droit de se servir de son nom.

Par tous les moyens possibles, on s'efforcera de faire apparaître ce nom réputé à côté, quand ce ne sera pas à la place du sien, et l'ingéniosité des concurrents malhonnêtes n'a été égalée que par la persistance des tribunaux à les frapper.

Un moyen de concurrence déloyale fréquemment employé consiste, disons-nous, à profiter d'une similitude de nom pour établir une confusion entre deux établissements.

Celui qui fait le commerce, qui exerce une industrie sous son nom peut poursuivre et faire condamner le concurrent qui se rend coupable d'une usurpation en se servant de son nom. Mais le droit de ce commerçant peut se heurter à un droit semblable ; ce concurrent peut porter le même nom que le commerçant précédemment établi et jouissant déjà peut-être d'une certaine réputation. Nous nous trouvons donc en présence de deux droits rivaux et également respectables : le droit du commerçant déjà établi, qui veut très légitimement éviter toute confusion et le droit du concurrent à qui on ne peut interdire de faire le commerce et de le faire sous son nom. Il faut remarquer qu'il y a ici usage d'un nom et non pas usurpation, mais cela ne doit pas dégénérer en fraude.

En présence de cet homonyme, quel sera le droit du commerçant ? « Tout ce qu'il peut obtenir, c'est que son imitateur soit tenu, tout en inscrivant le même nom, de différencier l'ensemble de l'étiquette ou de l'inscription [1].

Le moyen est facile si les prénoms des deux concurrents diffèrent et les tribunaux, pour éviter toute con-

1. M. Gastambide, *De la Contrefaçon*, p. 452.

fusion entre deux établissements, ont souvent ordonné à l'un des concurrents d'ajouter à son nom ses prénoms ou l'un d'eux [1].

Mais il peut arriver que cette manière de faire soit impraticable, les prénoms comme les noms étant les mêmes. Faudra-t-il, dans ce cas, aller jusqu'à interdire au dernier établi l'usage de son nom? On éviterait bien par là toute confusion, mais c'est un moyen par trop radical.

Cette solution a été cependant proposée par un auteur fort compétent. M. Blanc accorde d'une façon absolue aux tribunaux le droit de défendre à un commerçant de faire le commerce sous son nom si c'est déjà celui d'un autre commerçant.

Ce qui, à ses yeux, justifie cette décision, c'est que le nouveau venu, étant encore inconnu sous ce nom n'a rien à perdre au changement [2].

Cette raison ne nous semble pas acceptable : si le nom du dernier établi est encore inconnu lorsqu'il entreprend le commerce, il peut lui donner par la suite une grande notoriété et pourquoi ne pourrait-il attacher à son nom patronymique toute la réputation qu'il pourra s'acquérir par son travail et sa probité ?

Et puis, le tribunal lui fait défense de se servir de son nom ; soit : mais sous quel nom devra-t-il alors faire le commerce? Le tribunal lui en imposera-t-il un, ou le prendra-t-il lui-même ; et dans ce cas n'y aura-t-il pas encore pour ce nouveau nom qu'il possé-

1. C. Poitiers, 12 juillet 33. D. P. 33, 2, 235.
C. Paris, 23 juin 42, *J. Palais*, 44. 1, 423.
C. Paris, 12 avril 47, *Gaz. des Trib.* du 13 avril.
Trib. comm. de la Seine, 25 octobre 52, *Le Droit* du 27 octobre.

2. M. Blanc, *De la Contrefaçon*, p. 713.

dera moins légitimement que celui qu'il a dû abandonner, n'y aura-t-il pas encore matière à procès et ne verra-t-on pas s'élever de nouvelles plaintes ?

Cette solution, par trop rigoureuse, ne doit pas être admise et ne l'a pas été ni par la jurisprudence ni par les auteurs. Elle viole le principe de la propriété du nom ; tout ce que le commerçant peut exiger, c'est qu'il n'y ait pas de confusion possible entre son établissement et celui de son concurrent : la justice a rempli sa tâche lorsqu'elle a ordonné les mesures suffisantes pour empêcher toute confusion ; lui demander davantage serait exagéré [1].

Mais, nous le répétons, le droit qu'on a de faire le commerce sous son nom ne doit pas dégénérer en fraude ; la similitude de nom ne peut autoriser la concurrence déloyale. Et cependant, même dans le cas où la fraude est probable, lorsqu'on voit, par exemple, un commerçant venir d'un autre endroit ou d'un autre quartier s'établir en face ou à côté de l'homonyme dont il cherche à usurper la clientèle, dissimuler son prénom, chercher en un mot à créer une confusion entre les deux établissements ; même dans ces cas, tant qu'il est possible, les tribunaux se contentent de prescrire l'emploi de moyens qui, tout en respectant le principe de la propriété du nom, remédient à l'usage qu'on en fait [2]. Ce n'est qu'à la dernière extrémité

1. C. de Poitiers, 12 juillet 1833, D. P. 33, 2, 235. Trib. de Marseille, Pataille, 61, 221.

En ce sens, M. Lyon-Caen, *Cours de législat. indust.* — M. Bédarride, *Marques*, n° 736. — M. Calmels. *Marques*, n° 153.

2. Trib. comm. de la Seine, 27 mai, 3 septembre 57; *Le Droit*, 31 mai, 6 septembre 1857. — C. cassa., 2 janvier 45, D. R. V° *Industrie*, n° 343 note 1.

qu'ils se décident à interdire à ce commerçant l'usage de son nom[1].

Des décisions semblables sont intervenues, et très justement selon nous, dans certains cas d'associations frauduleuses : les tribunaux ont fait défense à l'un des associés de se servir de son nom, lorsqu'il résultait des débats que cet associé n'était qu'un homme de paille ; qu'il n'était entré dans la société que parce qu'il était l'homonyme d'un commerçant connu et que, sous le couvert du nom réputé, on espérait se défaire plus avantageusement des marchandises en magasin[2].

Mais si les magistrats ne reconnaissaient pas l'existence de la fraude dans le fait même de l'association, ils ne pourraient faire défense au commerçant de se servir du nom de son associé, et c'est en ce sens que la Cour de Paris s'est prononcée.

Si, dans l'affaire Clicquot-Ponsardin contre Louis Clicquot, la Cour fit défense à Louis Clicquot de se servir de son nom, c'est qu'elle voyait dans cette association un fait de concurrence déloyale, étant donné la situation pécuniaire et le domicile de cet individu. Se trouvant au contraire en présence d'une société sérieuse, la Cour de Paris lui reconnut, malgré les réclamations de concurrents, le droit d'emprunter aux associés dont elle se composait, parmi leurs noms, celui qui lui convenait le mieux comme raison sociale. Toutefois elle ordonnait certaines précautions destinées à empêcher toute confusion[3].

1. Paris, 18 juillet 1851, D. P., 61, 2, 228.— En sens contr. M. l'avocat, général Pinart et M. Calmels, *Annales*, 56, 33.

2. Affaire Clicquot-Ponsardin, contre L. Clicquot. C. Paris *J. du Pal.* 852, 1, 436 et C. de cassat., 4 févr. 52, *Journal du Palais*, 1853, 1, 167.

3. Affaire Rœderer. C. Paris, 6 février 1856.

Dans ce dernier cas, où l'association était sérieuse, prohiber la raison sociale d'une maison pour cause de ressemblance avec celle d'une autre, c'eût été violer l'article 21 C. comm. et porter atteinte à la liberté du commerce.

M. Pouillet qui admet que le tribunal peut, s'il y a fraude, prohiber dans une raison sociale l'usage d'un nom, ne s'en tient pas là ; il ajoute : « Nous serions même disposé à aller plus loin. Une raison sociale n'a, le plus souvent, rien d'absolu.... Il n'y a pas là d'appellation nécessaire imposée par la force des choses, comme au cas où il s'agit d'un nom de personne. Nous comprenons donc sans peine que certaines décisions aient interdit à une société sérieuse l'emploi d'un nom faisant confusion avec celui de concurrents [1]. »

Cette solution, malgré l'autorité de celui qui la propose, nous semble inadmissible. Du moment qu'il n'y a pas de fraude, il n'y a plus qu'un fait de concurrence commerciale, et ce qui doit être réprimé c'est uniquement la déloyauté de la concurrence [2].

Le pseudonyme, de même que le nom patronymique, doit être protégé contre la concurrence déloyale ; c'est l'achalandage que la loi protège et qu'elle ne permet pas de détourner. Il a été jugé en ce sens que le pseudonyme constitue une propriété comme le nom véritable et qu'il n'est pas permis à un individu qui porterait même véritablement ce nom de s'en faire un moyen de concurrence déloyale à l'égard de celui

1. M. Pouillet, *Marques*, nº 495.

2. En ce sens, M. Bédarride, *Marques*, nº 739.—M. Calmels, *Marques*, nº 156.

qui est en possession dudit pseudonyme et de l'apporter, par exemple, comme seul apport dans une société uniquement créée dans le but d'exploiter cette similitude de nom. Il y a lieu dans ce cas d'interdire l'usage de ce nom[1].

Cette décision peut paraître singulière et on peut s'étonner que la justice interdise au propriétaire d'un nom l'usage de ce nom et lui préfère celui qui l'a seulement imaginé. Mais ainsi que le dit fort justement M. Bédarride : « Ce n'est là qu'une application du principe que nul ne peut, sous prétexte d'une association fictive, céder isolément son nom dans l'unique but de créer une concurrence déloyale à une maison déjà établie dans la même industrie[2]. »

La confusion entre deux établissements rivaux dont les propriétaires portent le même nom sera d'autant plus fréquente que ces maisons seront plus voisines l'une de l'autre : elle deviendra au contraire difficile, pour ne pas dire impossible, si ces établissements sont situés dans des quartiers différents.

Les tribunaux, pour éviter les inconvénients de cette confusion, sans contraindre l'un des homonymes à faire le commerce sous un autre nom que le sien, pourront-ils ordonner à l'un d'eux, au dernier établi, de transporter son établissement dans un autre quartier ou lui faire défense de s'établir à côté de son concurrent, comme ils pourraient lui enjoindre d'ajouter à son nom un ou plusieurs de ses prénoms, ou encore

1. 26 février 1857, Job contre Bardou, Trib. comm. de la Seine, *Gazette des tribunaux* du 27 mars 57.

2. M. Bédarride, *Marques*, n° 743.

la date de la fondation de son établissement, enfin un signe distinctif quelconque?

Il nous semble difficile, surtout en l'absence de texte, de reconnaître aux tribunaux un droit aussi exorbitant.

Forcer un commerçant à exercer sa profession ailleurs que dans certains endroits, un industriel à déplacer son usine ou à ne pas l'établir dans un lieu désigné, ce sera souvent lui causer un préjudice plus grand que celui que lui ferait éprouver l'obligation de changer de nom. Ce sera de plus créer en quelque sorte un monopole au profit du commerçant le premier établi, ce qui est contraire aux principes de la liberté du commerce, de la liberté de la concurrence.

Enfin cette mesure très dure, si on se trouve en présence d'un commerçant loyal qui de lui-même prendra les moyens nécessaires pour éviter toute confusion entre son établissement et celui de son rival, est inutile vis-à-vis de ceux qui entendent spéculer sur la similitude de nom puisqu'à l'égard de ces derniers on reconnaît aux tribunaux des droits fort étendus à l'effet de réprimer toute concurrence déloyale.

Au reste si la légitimité d'un tel moyen a été discutée en théorie, nous ne croyons pas qu'en pratique les tribunaux l'aient employé.

La concurrence déloyale est fertile en expédients divers et à côté de celle que rend possible la similitude de nom, il est d'autres moyens pour un commerçant malhonnête d'établir une confusion entre son établissement et celui d'un concurrent réputé et de détourner ainsi une partie de sa clientèle.

On n'apposera pas le nom de ce concurrent sur ses produits car c'est un fait réprimé par la loi de 1824 dont on ne veut pas encourir les rigueurs, on ne mettra pas ce nom sur son magasin ou sur ses factures à la place du sien car c'est un fait évident de concurrence déloyale : mais par des moyens détournés qui laissent prise à la discussion ; par une mention quelconque, on arrivera à mettre ce nom à côté du sien et on l'y mettra en évidence de telle sorte qu'à côté de lui le véritable nom du commerçant disparaîtra ou du moins passera inaperçu.

Il est d'usage dans le commerce d'ajouter à son nom celui de sa femme : c'est là une mention fort légitime, soit qu'elle serve à distinguer deux maisons dont les propriétaires portent le même nom ou du moins des noms analogues, soit que le commerçant espère que le nom de sa femme, s'il jouit d'une certaine notoriété, lui vaudra la confiance du public et lui attirera la clientèle ; mais ce n'est pas là un droit.

Si cette adjonction ne trouve pas sa raison d'être dans la nécessité d'une distinction avec d'autres établissements du même genre, on peut dire que la famille de la femme aura le droit de l'interdire. Les membres de cette famille, qu'ils soient ou non commerçants, ont un intérêt moral considérable à soustraire ce nom aux mauvaises chances toujours possibles dans le commerce, pourvu toutefois que leur intervention ne se produise pas après un long espace de temps et lorsque la raison commerciale est déjà connue.

Mais ceci est étranger à la concurrence déloyale : là où on pourra la voir, ce sera dans le fait, par le mari, de dissimuler son nom derrière celui de sa femme, et, tandis que ce dernier apparaîtra en gros caractères, de n'indiquer le sien propre qu'en lettres minuscules.

Dans ces conditions, le nom de la femme ajouté à celui du mari, loin de servir à distinguer deux établissements, servira bien plutôt à les confondre aux yeux du public. Il y a là un fait de concurrence déloyale et les concurrents porteurs du même nom, qu'ils soient ou non de la famille de la femme, pourront intervenir pour faire cesser cet état de choses, faire disparaître le nom de la femme ou du moins exiger que le nom du mari soit à côté et en caractères de la même taille [1].

Un autre procédé de concurrence déloyale consiste à indiquer les rapports de parenté avec un commerçant connu : à côté de son nom personnel on ajoute la qualification de fils, frère... d'un tel.

Cela ne peut être toléré : Sans doute ces qualifications de fils ou frère prises en elles-mêmes sont légitimes et peuvent peut-être servir à distinguer un établissement de celui d'un homonyme.

Mais ce qui est blâmable, c'est la désignation sans raison du nom commercial d'un autre.

Ces qualifications n'ont aucun sens si elles ne signifient pas que celui qui s'en sert est le successeur de celui dont il prend le nom. Il y a là une fraude, une tentative de concurrence déloyale à laquelle le pro-

1. Paris, 17 juin 1838, *Gazette des Trib.* du 18 juin; — Trib. comm. de la Seine, 9 juin 43, *Gazette des Trib.* du 10 juin.

M. Rendu, *Marques*, n° 415; — M. Blanc, *De la Contref.*, p. 714. — M. Bédarride, *Marques*, n° 745. — M. Pouillet, *Marques*, n° 508.

priétaire du nom ou son successeur sont en droit de s'opposer et pour laquelle ils peuvent réclamer des dommages-intérêts. Le rapport de parenté ne pourra être indiqué que si celui qui s'en pare est vraiment le successeur de son parent [1].

Cette solution ne devrait pas, selon nous, être appliquée à la veuve. Si les parents n'ont aucun droit au nom commercial de leur parent dont ils ne sont pas les successeurs, il en est autrement de la veuve : elle a un droit incontestable sur un nom qui est devenu le sien, et on ne voit pas sur quoi on se fondrait pour lui en interdire l'usage.

Bien entendu ceci ne doit pas dégénérer en fraude; et la femme, tout en conservant le nom de son mari, ne peut, au détriment du véritable successeur, se présenter comme continuant son commerce alors que cela n'est pas exact.

Quant au moyen d'éviter toute confusion, de rendre la concurrence déloyale impossible, c'est une question à résoudre en fait [2].

Si ce rappel du nom d'un commerçant connu est défendu à celui qui, sans être son successeur, se dit son parent, il est au contraire permis au véritable successeur. Celui qui, après un commerçant réputé, se met à la tête de son établissement a certainement le droit de rappeler ce nom, c'est une recommandation auprès du public : mais il faut pour cela qu'il y ait eu une véritable transmission, soit légale, soit conven-

1. M. Blanc, *De la Contref.*, p. 716.—M. Rendu, *Marques*, n° 412.— M. Pouillet, *Marques*, n° 546, — M. Bédarride, *Marques* n° 748.
C. de Paris, 28 juin 56, Pataille, 56, 252.

2. En ce sens, M. Bédarride, *Marques*, n° 748 *in fine*.

tionnelle. On ne pourrait prendre ce titre de successeur parce qu'on serait le seul à fabriquer les mêmes produits après la mort ou la retraite du premier fabricant.

Ici encore la fraude est à redouter : si l'acquéreur d'un fonds de commerce peut user du nom du cédant, c'est à condition d'en user dans les limites d'une loyale concurrence. Si le nom de ce cédant ressemble à un nom réputé dans un autre genre de commerce, le successeur commettrait un fait de concurrence déloyale si, venant à se livrer à ce commerce, il rappelait son titre de successeur et exploitait cette similitude. Changeant de commerce, il n'est plus vrai qu'il soit successeur de celui dont il rappelle le nom, et c'est très légitimement que ses concurrents se plaindraient et lui feraient faire défense de prendre ce titre [1].

Ce que nous venons de dire peut aussi s'appliquer au titre « d'ancien associé ». Si à la dissolution d'une société tous les associés ne peuvent prendre le titre de successeur, tous peuvent cependant rappeler leur titre d'associé, et cela est fort juste car ils ont coopéré pour leur part au succès de l'établissement. Mais ici encore des précautions seront à prendre pour éviter toute confusion. Les tribunaux, s'il y a lieu, auront à renfermer l'exercice de ce droit dans de justes limites, et empêcher qu'il ne devienne un moyen de concurrence déloyale [2].

1. M. Blanc, *De la contrefaçon*, p. 716,— M. Pouillet, *Marques*, n° 564. — M. Bédarride, *Marques*, n° 752.

2. M. Blanc, *De la contref.* p. 715 — M. Pouillet, *Marques* n° 545. — M. Bédarride, *Marques*, n° 761.

C. de Lyon, 21 mai 1850, *J. du Palais*, 1850. 2. 64.

Une question fort délicate et qui a donné lieu à de vives controverses nous reste à traiter.

Peut-on se dire élève, apprenti, ouvrier d'un tel et rappeler ce titre par une mention apposée à côté de son nom ?

Il est bien évident que ceci peut causer un certain dommage à celui du nom duquel on se sert ; dans sa carrière commerciale il a peut-être formé bien des apprentis et il ne peut que lui être nuisible que tous se disent ses élèves. C'est pour cette raison que M. Blanc prohibe ces qualifications [1].

D'autres auteurs au contraire reconnaissent le droit de se servir de pareilles qualifications mais en prohibent l'usage, s'il y a lieu, si cela entraîne un dommage pour le maître. Ce serait une question à trancher en fait [2].

Cette opinion nous semble difficile à admettre ; reconnaissant qu'un droit existe en principe, on ne peut faire dépendre son existence de la manière dont on en usera : s'il y a abus on la réprimera, mais le droit n'en subsistera pas moins. Aussi nous rangerons-nous plus volontiers à une troisième opinion qui, admettant que l'élève ou l'apprenti peut mentionner ce titre à côté de son nom, se contente, s'il y a fraude, au lieu de proscrire ce droit, de le réglementer et d'en réprimer les abus [3].

Une distinction doit cependant être faite entre ces diverses qualifications.

S'il s'agit d'un commis ou d'un ouvrier il n'y a

1. M. Blanc, *De la contref.*, p. 714.

2. En ce sens M. Rendu, *Marques*, n° 487. — M. Pouillet, *Marques*, n° 587.

3. M. Bédarride, *Marques*, n° 751.

aucune raison pour que dans leur nom commercial ils rappellent le nom de celui qui a été leur patron : il n'y a eu entre eux qu'un louage d'ouvrage et le patron n'était pas tenu de leur communiquer ses procédés, ni de leur apprendre ce qu'il savait lui-même.

Tout autre est la situation de l'apprenti, de l'élève : ceux-ci ne sont pas payés pour faire ce qu'ils savent déjà : bien au contraire, ils sont entrés chez le commerçant pour apprendre et le plus souvent ils paient pour cela.

Le maître est tenu par son contrat de leur enseigner ce qu'il sait, et, sortis d'apprentissage, ils doivent avoir le droit de faire connaître qui les a formés.

M. Blanc repousse cette solution parce que, dit-il, « un apprenti inintelligent et qui n'a pas su profiter des leçons qu'il aura reçues pourra, par la désignation de sa qualité, discréditer le nom de celui qui fut son maître [1] ».

Cette objection ne doit pas nous arrêter ; l'inhabileté de l'apprenti ne peut nuire au patron dont la réputation est établie. De plus il est une autre considération dont il faut tenir compte : c'est que le maître en formant des élèves a cherché un avantage, il devait réfléchir aux conséquences qui en résulteraient.

Ces élèves lui ont procuré des profits, soit en le rémunérant, soit en travaillant gratuitement chez lui ; il doit, en revanche, supporter les charges qui en sont la conséquence [2].

1. M. Blanc, *De la contref.*, p. 715.

2. En ce sens, M. Bédarride, *Marques*, n° 751. — M. Calmels, *Marques*, n° 169. — M. Rendu, *Marques*, n° 488.

C'est en ce sens que se sont prononcés les tribunaux[1]; on trouve bien, il est vrai, un arrêt de la Cour de Paris qui semble admettre la doctrine contraire, et prohiber l'usage de ces qualifications, mais ce n'est là qu'une apparence. Si dans cette espèce le tribunal de commerce de la Seine et après lui la Cour faisaient défense de prendre la qualité d'élève, c'est qu'en fait celui qui l'avait prise avait été non un élève mais un simple ouvrier[2].

Nous devons faire remarquer en terminant que si nous accordons aux apprentis ou élèves le droit de mentionner ces titres à côté de leur nom, ils ne peuvent s'en servir pour faire à leur ancien patron une concurrence déloyale ; ce qui se présenterait, si, dissimulant leur nom, ils ne faisaient apparaître que celui du commerçant qui fut leur maître.

1. Trib. comm. de la Seine, 13 avril 41 D. R. V° *Industrie*, n° 360. Trib. Comm. de la Seine, 1er juin 55, *Le Droit*, 8 juin 55. Trib. Comm. de la Seine, 23 janvier 57, *Gaz. trib.* 25 janvier 57.

2. C. de Paris, 21 avril 34. D. R. V° *Industrie*, n° 82.

CHAPITRE V

SITUATION DES ÉTRANGERS EN FRANCE AU POINT DE VUE DE LA PROPRIÉTÉ DE LEUR NOM COMMERCIAL

Dans les chapitres qui précèdent, nous occupant de la protection que la loi du 28 juillet 1824 accorde au nom commercial, nous n'avons parlé que des droits des Français.

Quelle solution faut-il adopter si le nom usurpé est le nom d'un étranger?

Cette question, comme toutes celles qui ont trait aux droits que les étrangers peuvent invoquer en France, a soulevé les plus vives controverses. Faut-il reconnaître à ces étrangers le droit d'invoquer la protection de la loi du 28 juillet 1824 ou décider au contraire que cette loi ne s'occupe pas des étrangers et en conséquence qu'on doit leur refuser la protection accordée au nom des industriels et commerçants français ?

C'est là, nous le répétons, une question qui a donné lieu à de longues controverses : longtemps il y eut divergence entre la doctrine et la jurisprudence et ce ne fut pas sans une vive résistance de la part des Cours d'appel que la Cour de cassation put faire prévaloir en pratique la solution qu'elle avait adoptée.

Pour la Cour suprême le nom commercial des étrangers ne doit pas être protégé contre les usurpations par la loi de 1824 ; la protection accordée à ce nom est une création du droit civil.

« La loi de 1824, disait M. le procureur général Dupin, n'a vu dans cette usurpation du nom commercial qu'une simple contrefaçon de marque analogue à celle des lieux de fabrique ou de toute autre indication mensongère.

» La propriété de la marque est un droit spécial et non un droit naturel, car c'est évidemment un droit qui n'a rien de primitif et d'immuable, un droit qui ne doit son existence qu'à la volonté arbitraire, changeante et variable du législateur : c'est un mode de protection qui dérive uniquement du droit civil, un droit par conséquent qui ne pourrait être invoqué par les étrangers qu'autant qu'une loi spéciale, ou qu'un traité formel leur en aurait communiqué le bénéfice. »

Et non seulement l'étranger ne pourra, pour faire réprimer l'usurpation de son nom commercial, invoquer la protection de la loi de 1824, mais il se verra refuser tous dommages-intérêts ; il ne pourra invoquer l'art. 1382 du C. civ. :

Une considération pratique justifiait aux yeux de la Cour cette doctrine rigoureuse. « Si, aux termes de nos lois, disait encore M. Dupin, le fait d'usurper la marque d'un étranger ne constitue par un délit de contrefaçon, c'est que c'est un fait permis. Ce n'est pas un fait louable, mais c'est un fait qui demeure sans répression. »

La Cour de cassation admit ces principes dans un

arrêt du 11 juillet 1848 rendu toutes chambres réunies[1].

La Cour de Paris[2] d'abord, par un arrêt du 30 novembre 1840, et la Cour de Rouen, à qui l'affaire avait été renvoyée après la cassation de l'arrêt de Paris, par un arrêt du 8 juin 1845 admettaient la doctrine contraire. Ces deux cours reconnaissaient à l'étranger le droit de réclamer la protection de la loi de 1824 quand sa marque nominale avait été usurpée par un Français.

C'est alors qu'intervint l'arrêt solennel de 1848 qui fixa la jurisprudence, mais il n'eut pas le même effet sur la doctrine, et nous voyons les auteurs les plus considérables contester la solution de la Cour de cassation[3].

Cet arrêt fait une confusion entre le nom commercial et la marque emblématique. La doctrine de la Cour de cassation pourrait être admise s'il s'agissait de marques emblématiques. Mais pour le nom, il en est autrement; cette propriété n'est pas une création de la loi civile, et, comme le disait l'arrêt de Rouen cassé par la Cour de cassation, « en le protégeant la loi ne fait que prêter son appui à une propriété qui a son fondement dans le droit des gens de toutes les nations civilisées ». Il n'y a aucune raison pour apprécier différemment la nature de la propriété du nom, parce que ce nom est apposé sur des produits pour en indiquer l'origine. Cela du reste

1. Cassat. 11 juillet 48, D. P. 48, 1, 140.

2. C. Paris, 30 nov. 1840, D. P. 41, 2, 73.
C. de Rouen, 8 juin 1845, Sirey, 45, 2, 354.

3. M. Blanc, *De la contrefaçon*, p. 739. — M. Bédarride, *Marques*, nos 770 et 771 et les auteurs indiqués. — M. Demolombe, *Droit civil*, I, no 246.

paraît avoir été aussi l'avis de M. le conseiller rapporteur Rocher.

Nous admettrons donc, sous l'empire de la loi de 1824, que, indépendamment de toute réciprocité, l'étranger qui exerçait son industrie en France pouvait réclamer la protection de la loi lorsque son nom commercial était usurpé par un concurrent. La question peut paraître plus délicate pour les commerçants étrangers établis hors de France, cependant, à notre avis, la même solution devait être admise[1].

Mais, en sens contraire, nous croyons devoir adopter l'opinion de la Cour de cassation, quant à la protection à accorder aux noms des lieux de fabrication situés à l'étranger : en effet, le droit exclusif que les habitants d'une localité peuvent avoir à l'usage de son nom est certainement fondé, non sur le droit naturel, mais sur une disposition positive de la loi[2].

Nous devons ajouter que cette question, sur laquelle nous nous sommes peut-être un peu trop étendu, à cause des controverses passionnées qu'elle a soulevées, n'a plus aujourd'hui qu'un intérêt historique depuis la loi du 26 novembre 1873.

Cette loi, dans son article 9, nous dit : « Les dispositions des autres lois touchant le nom commercial, etc., seront appliquées au profit des étrangers, si, dans leur pays, la législation ou des traités internationaux assurent aux Français les mêmes garanties. »

C'est là une disposition restrictive de notre sytème, qui accordait aux étrangers, sans aucune réciprocité, le droit de poursuivre l'usurpation de leur nom; c'est

1. Pataille, 55. 53.
2. Bédarride, *Marques*, n° 791.

une disposition extensive du système de la Cour de cassation, puisque le législateur se contente soit d'une réciprocité légale, soit d'une réciprocité diplomatique, tandis que la Cour exigeait, pour accorder la protection, une réciprocité diplomatique aux termes de l'art. 11 du C. civ.

La controverse est donc aujourd'hui terminée et la loi de 1873 a confirmé, à peu de chose près, le système adopté par la Cour de cassation : mais si, au point de vue pratique, il n'y a plus qu'à s'incliner devant l'autorité de la loi, il n'en est pas moins vrai que les raisons qu'alléguait la doctrine subsistent toujours ; cet art. 9, au reste, a donné lieu à de vives critiques.

Il faut remarquer que c'est tout à fait à l'improviste qu'il fut introduit dans la loi ; il n'a donné lieu à aucune des discussions qu'il aurait dû soulever, étant donnée la lutte entre les deux systèmes [1].

Quoi qu'il en soit, il faut décider aujourd'hui que l'étranger non autorisé à établir sa résidence en France aux termes de l'art. 13 du C. civ. ne pourra poursuivre l'usurpation de son nom commercial au moyen de la loi de 1824, que si les Français jouissent du même droit dans son pays soit en vertu d'une loi, soit en vertu d'un traité.

Cet étranger pourra-t-il du moins, à défaut d'autre protection, invoquer l'art. 1382 du C. civ. contre les usurpateurs de son nom ?

L'art. 6 de la loi de 1873, n'interdisant à l'étranger que le recours à la loi de 1824, nous lui accorderons

1. Pataille, 74. 29.

le droit de réclamer des dommages-intérêts de celui qui aura usurpé son nom.

Il est bien vrai qu'en reconnaissant ce droit à l'étranger nous ne tenons pas compte d'un des motifs qui dictaient à la Cour de cassation son arrêt de 1848, le désir d'assurer la protection des Français à l'étranger, par le refus de toute protection aux étrangers en France: mais cette considération ne peut pas plus nous arrêter après qu'avant la loi de 1873 [1]. La Cour de cassation, conséquente avec elle-même, refuse à cet étranger tout droit à des dommages-intérêts [2].

Sur l'art. 9 de cette loi une question peut se poser: que faut-il entendre par ces étrangers qui ne peuvent invoquer la protection de la loi de 1824 que si, aux termes de la loi de 1873, leur pays accorde à nos nationaux une réciprocité légale ou diplomatique ?

La loi de 1824 protège le nom commercial des Français sans distinguer s'ils sont établis en France où à l'étranger.

La loi de 1857 accorde protection à la marque emblématique des commerçants établis en France, sans s'inquiéter de leur nationalité, et la refuse à ceux établis à l'étranger même si ce sont des Français : en d'autres termes, cette loi ne considère que la nationalité de la marque.

La loi de 1873, dans son article 9, entend-elle le mot « commerçant étranger » dans le sens de la loi de 1824 ou dans le sens de la loi de 1857 ?

A prendre les termes de cet article 9 dans leur sens

1. L'art. 1er du projet de loi de 1879 assimile l'étranger au Français, au point de vue de la protection accordée au nom commercial.

2. De même, Paris, 5 juin 67, Pataille, 67, 298.

rigoureux, il paraîtrait que cette expression « étrangers » doit être entendue au sens de la loi de 1824 et que c'est à la nationalité du commerçant qu'il faut s'attacher.

Mais cette solution renverserait, en ce qui touche la protection accordée aux étrangers, tout le système de la loi de 1857 puisque la loi de 1873 s'applique aux marques comme au nom.

Or il faut remarquer que, tandis que le système de la loi de 1857, art. 5 et 6, a été admis en parfaite connaissance de cause, l'art. 9 de la loi de 1873 au contraire a été introduit dans la loi de façon quelque peu inattendue, et accepté sans aucune discussion ; il est donc difficile de lui reconnaître un tel effet.

Nous croyons que cet article a simplement voulu dire à quelles conditions la protection serait accordée aux étrangers, mais sans fixer qui l'était ou qui ne l'était pas : en conséquence pour la marque emblématique nous nous attacherons à la nationalité de l'établissement, pour le nom à la nationalité du commerçant. Que si on objecte que c'est là une solution singulière, qu'il n'y a pas de raison pour protéger la marque autrement que le nom et entendre ainsi le mot « étrangers » dans des sens différents, nous répondrons que la loi de 1873 n'est pour rien dans ces singularités et qu'elles existaient avant sa promulgation.

Le Français représentant, en France, d'une maison de commerce étrangère dont le siège est à l'étranger et qui, par conséquent, n'a son nom commercial protégé en France qu'en cas de réciprocité légale ou diplomatique (art. 9 de la loi de 1873), ce Français ne peut avoir plus de droit que ses commettants ; il ne pourra donc poursuivre l'usurpation de la marque nominale dans les cas où le commerçant étranger ne le pourrait pas lui-même [1].

La solution contraire devrait être admise, si au lieu du représentant d'un étranger, nous nous trouvions en présence de son cessionnaire. On peut objecter que ce cessionnaire ne peut avoir plus de droit que son cédant; mais, comme on l'a fort justement fait remarquer, ce n'est pas le droit qui manquait au cédant mais l'exercice du droit [2] ; il faut donc admettre que ce Français, même établi à l'étranger, pourra poursuivre en France les usurpateurs de son nom commercial au moyen de la loi de 1824.

C'est en ce sens que s'est prononcée la Cour de cassation dans un arrêt du 18 novembre 1876 : « Attendu, dit-elle, que le pourvoi invoque la maxime *Nemo plus juris in alium transferre potest, quam ipse habet*, qu'en effet s'il est vrai que la société défenderesse au pourvoi est cessionnaire d'Elias Howe et n'a pu acquérir plus de droit que n'en avait son cédant, il faut reconnaître que par l'effet de cette cession elle a acquis la libre disposition d'une propriété commerciale qui est désormais sa chose, propriété qu'elle peut protéger avec toutes les conséquences qui en dérivent selon la mesure des droits qu'elle puise dans sa situation personnelle et dans sa naturalité........ pour ces motifs, etc [3]. »

En résumé, d'après les lois du 28 juillet 1824 et 23 juin 1857, combinées avec la loi du 26 novembre

1. Cassat., 11 juillet 48. *Journal du Palais*, 1848, 2, 36.
2. M. Pouillet, *Marques*, n° 458.
3. Cassat., 18 nov. 1876, D. P. 78, 1, 492.

1873, art. 9, tandis que l'étranger propriétaire d'une marque emblématique peut, s'il est établi en France, y invoquer, sans aucune condition de réciprocité, la protection de la loi; l'étranger qui emploie son nom comme marque n'est protégé, même établi en France, que si dans son pays les Français jouissent pour leurs noms commerciaux d'une protection, assurée soit par la loi soit par des conventions diplomatiques.

Il y a là une situation singulière qui appelle des modifications; le législateur devrait choisir entre l'un des deux systèmes et celui qui est admis pour les marques emblématiques est de beaucoup préférable; l'étranger qui a en France un établissement contribue au développement de la richesse nationale, en le protégeant c'est à l'industrie française que la loi accorde en réalité sa protection.

Mais si devant opter entre deux systèmes et faire cesser un état de choses fâcheux, c'est à ce dernier système que le législateur devrait s'arrêter; il serait certainement encore préférable que, les abandonnant tous les deux, il établisse la protection du nom commercial sans aucune condition de réciprocité. Si l'on comprend des conditions pour accorder la protection de la loi à la marque emblématique dont on peut considérer la propriété comme une création de la loi civile, on ne les comprend plus lorsqu'il s'agit de protéger le nom, dont la propriété reconnue par la loi n'a pas été établie par elle: c'est une propriété fondée sur la loi naturelle et nous ne pouvons que répéter ce que disait à cet égard la Cour de Rouen dans un arrêt déjà cité: « en protégeant le nom la loi ne fait que prêter son appui à une propriété qui a son fondement dans le droit des gens de toutes les nations civilisées. »

C'est en faveur de cette solution généreuse que s'est prononcé le Congrès de la propriété industrielle.

Admettant que le droit des fabricants ou négociants sur leurs marques est un droit de propriété que la loi civile ne crée pas et qu'elle ne fait que réglementer, le congrès émettait le vœu que les étrangers fussent assimilés aux nationaux.

Le Congrès avait été saisi d'une proposition qui, excepté pour les brevets, exigeait la condition de réciprocité. M. Clunet combattit cette restriction ; il fit remarquer les tendances du droit international moderne à repousser toute distinction entre les nationaux et les étrangers, et rappelant, avec beaucoup d'à propos, le souvenir du décret. loi du 26 mars 1852 qui protège les œuvres étrangères sans condition de réciprocité, il constata que, contrairement à ce qu'on aurait pu croire, cette générosité de la France facilita la conclusion de traités assurant la protection aux œuvres de nos nationaux dans les pays étrangers.

L'honorable orateur ajoutait que cette protection absolue accordée aux étrangers n'était pas sans intérêt pour les Français, et qu'il importait que le public ne fût pas trompé sur ce qu'il achetait par de fausses marques dont l'usage constituait un véritable vol.

C'est ce système qu'adopta le Congrès : c'est aussi celui que nous retrouvons dans le projet de loi du 26 mai 1879, art. 3, au moins en ce qui touche le nom commercial : « Les droits résultant de la propriété du nom commercial sont les mêmes pour les étrangers que pour les Français. »

Nous devons reconnaître cependant que si ces idées sont fort justes et fort séduisantes en théorie, elles ont peu de chance de passer dans la pratique ; on l'a dit, le législateur doit être utilitaire et les critiques n'ont pas manqué à ce dernier paragraphe de l'art. 1er du projet de loi.

On a fait remarquer qu'il était choquant d'accorder tout à qui ne nous accordait rien ; qu'il importait d'amener les pays récalcitrants à protéger les noms et les marques des Français et que le meilleur moyen d'y parvenir était de refuser toute protection aux noms et aux marques de leurs nationaux.

S'il est désirable, dit-on encore, que tous les peuples sans distinction de nationalité reconnaissent la propriété des noms commerciaux ; s'il y a là un progrès incontestable, en prenant cette initiative la France ne sacrifie-t-elle pas les intérêts de ses nationaux ? Comment admettre que les étrangers puissent venir en France revendiquer leur nom commercial et faire condamner aux peines portées par la loi, le Français coupable d'usurpation, alors que nos nationaux, dont les noms commerciaux seront usurpés dans le pays de ces étrangers, ne pourront pas y exercer de poursuites.

Outre ces reproches, la Cour de cassation adresse une autre critique à cet article du projet, c'est de n'être pas en concordance avec nos autres lois sur la propriété industrielle qui n'accordent que moyennant réciprocité la protection aux étrangers. Il y aurait, d'après la Cour, un manque de logique à admettre un nouveau système, alors que celui de la réciprocité se justifie trop bien pour qu'il y ait lieu, en ce qui concerne le nom commercial, de faire une exception aux principes qui régissent notre législation industrielle[1].

Ces raisons peuvent être fort justes pratiquement parlant, mais l'excellence du principe admis par le Congrès de la propriété industrielle et que nous retrouvons dans le projet de loi n'en subsiste pas moins.

Il faut ajouter, de plus, que la protection absolue, sans condition de réciprocité, n'entraînerait pas dans l'état actuel des choses de graves inconvénients pratiques, car nous avons, avec presque toutes les nations civilisées, des conventions établissant cette protection réciproque du nom commercial et de la marque.

Pour ces conventions de garantie réciproque de la propriété industrielle, on a suivi trois méthodes différentes.

Certaines de ces stipulations figurent dans les traités de commerce : on en rencontre d'autres dans des conventions de garantie réciproque de la propriété littéraire et artistique : enfin on trouve des conventions spéciales sur la garantie réciproque de la propriété industrielle.

Lorsque ces conventions figurent dans un traité de commerce, elles prennent fin avec lui et on sait que le renouvellement des traités de commerce n'est pas toujours chose facile ; même quand elles font l'objet de conventions distinctes, comme elles ont été discutées et conclues en même temps que les traités de commerce, il est en général stipulé dans un article du traité qu'elles prendront fin à la même date.

1. Avis de la Cour de cassation sur le projet de loi.
En ce sens M. Huart et M. Pouillet.

Il serait utile de garantir la propriété industrielle par des conventions spéciales qui aient une durée indépendante et soient applicables jusqu'à leur dénonciation.

Le Congrès de la propriété industrielle a apprécié la valeur de ces raisons et a émis le vœu « que les stipulations de garantie réciproque dela propriété industrielle fassent l'objet de conventions spéciales et indépendantes des traités de commerce ainsi que des conventions de garantie réciproque de la propriété littéraire et artistique ».

Les conventions internationales qui, aujourd'hui, établissent cette garantie réciproque de la propriété des marques, sont généralement muettes sur le nom commercial et ne parlent que des marques ; mais la jurisprudence a pris ce mot « marques » dans son sens large et y fait rentrer le nom commercial employé comme marque nominale.

« Attendu, dit un arrêt de la Cour de cassation du 27 mars 1870, que les faits ainsi établis renferment les éléments d'un délit d'usurpation d'un nom commercial ou d'une raison de commerce prévue et puni par l'art. 1er de la loi de 1824 et par l'art. 423 C. pén. que si l'action en réparation de ce délit ne peut en général être exercée en France par un étranger, cette prohibition est implicitement levée à l'égard de l'Angleterre ; que l'art. 6 de la loi du 23 juin 1857 autorise les étrangers à poursuivre en France la réparation du délit de contrefaçon des marques, si dans le pays où sont situées leurs fabriques des conventions diplomatiques ont établi la réciprocité pour les marques françaises ; attendu que cette réciprocité a été consacrée entre la France et l'Angleterre par l'art. 12 du traité du 10 mars 1860 et par la convention diplomatique du 30 mai 1862, dont les dispositions autorisées par l'art. 6 de la loi précitée étendent virtuellement leurs effets par analogie à l'usurpation du nom d'un fabricant ou de la raison commerciale d'une fabrique, réprimée par la loi du 28 juillet 1824 ; pour ces motifs, etc. [1]. »

Le Congrès s'est occupé de cette situation faite au nom commercial : tout en reconnaissant que les Cours suprêmes de France et d'Angleterre ont décidé que la protection du nom est virtuellement comprise dans la protection assurée aux marques puisque le nom servant à distinguer des marchandises fait office de marque ; comme ce n'est là qu'une jurisprudence qui pourrait ne pas être exempte de fluctuation, il émit le vœu que les traités soient, autant que possible, modifiés en vue de combler une lacune faite pour inquiéter les intéressés.

A propos de ces conventions de garantie réciproque on s'est demandé, en cas de cession de la marque d'un commerçant d'un pays à un commerçant d'un autre pays, quel traité il fallait examiner dans les rapports du cessionnaire avec un tiers pays. Faut-il s'en référer aux dispositions contenues dans le traité du pays du cessionnaire ou à celles contenues dans le traité du pays du cédant.

La Cour de cassation a été saisie de la question et a décidé qu'il fallait s'en référer aux conditions conte-

1. Cassat., 27 mai 1870, *Journal du Palais*, 70, p. 886.
Cassat., 18 novembre 76. D. P. 78, 1. 492.

nues dans le traité conclu entre la France et le pays du cessionnaire.

Une compagnie anglaise, cessionnaire d'un Américain, prétendait invoquer le traité anglo-français et on lui déniait ce droit sous le prétexte que le cédant était américain.

La Cour décida : « Attendu que les demandeurs en cassation prétendent que le traité de 1860 serait inapplicable à la cause, qu'il faudrait interroger le traité passé entre la France et les États-Unis le 28 juillet 1869 par ce motif que la société ne serait que le cessionnaire d'Elias Howe, américain, et qu'ils ajoutent que dans le traité du 28 juillet 1869 aucune protection n'a été accordée au nom du fabricant, la législation américaine ne consacrant pas la propriété du nom indépendamment de la marque :

Attendu qu'il n'y a pas lieu d'examiner quelle est, à cet égard, la législation américaine, que ce n'est pas le traité franco-américain de 1869 qui doit régir le nom mais bien le traité franco-anglais.... pour ces motifs, etc... »

Dans l'interprétation de ces conventions, une difficulté se présente résultant de ce que toutes les législations ne sont pas identiques en cette matière. Il peut se faire que le nom qui, en France, est protégé comme marque ne le soit pas dans d'autres pays [1]. La question est la même pour les marques emblématiques : ainsi par exemple l'Allemagne (art. 3 de la loi du 30 novembre 1874) n'admet pas que les lettres seules puissent constituer une marque ; la loi française l'admet au contraire. Dans ces conditions pour savoir

1. Art. 3 de la loi américaine du 3 mai 1881.

si la protection existe, faut-il considérer la loi du pays d'origine ou celle du pays où on réclame la protection ?

Il y a là une difficulté sérieuse, car, d'un côté, s'il est à désirer que les commerçants aient leurs marques protégées dans tous les pays, d'un autre côté en protégeant la marque d'un étranger alors qu'une marque semblable ne pourrait être prise par un national, on place l'étranger dans une situation préférable à celle des nationaux.

Certaines conventions ont tranché la question et décidé qu'on ne devait s'occuper que de la loi du pays d'origine[1].

La même solution a été admise quand les conventions sont muettes, et c'était le meilleur parti à prendre ; car on ne peut exiger qu'un commerçant s'inquiète de ce que les lois étrangères admettent ou n'admettent pas comme marques[2].

Dans ces dernières années, la France a conclu de nombreuses conventions établissant la protection réciproque de la propriété industrielle ; mais ces actes, qui se comprenaient lorsque la France, comme cela existait sous le régime des lois de 1824 et de 1857, ne protégeait les étrangers qu'en cas de réciprocité diplomatique, paraissent maintenant inutiles, pour les étrangers, puisque la France se contente de la réciprocité légale (art. 9, L. 26 novembre 1873).

Du moment qu'un pays en vertu de sa législation protège chez lui les marques de nos nationaux, ses

1. Art. 15 du Traité franco-belge du 31 octobre 1881.
Art. 14 du Traité franco-suédois du 30 décembre 1881.

2. Arrêt de la Cour de Leipsig. — Pataille, 1878, 216.

nationaux à lui sont protégés chez nous : quel intérêt peut donc avoir cette nation à conclure avec la France une convention de garantie réciproque, puisque cette garantie existe déjà, en fait, indépendamment de toute stipulation ?

Ce qui fait, même dans ces conditions, l'utilité de ces conventions, c'est qu'elles précisent les formalités à remplir pour obtenir la protection, et tranchent les questions douteuses ; de plus, la protection reposant sur des stipulations diplomatiques est indépendante des changements de législation.

Mais voici la situation qui peut se présenter. Un étranger dont la loi nationale ne protège pas les marques françaises voit sa marque ou son nom commercial usurpé en France ; il ne peut invoquer la loi pénale pour faire réprimer l'usurpation et la jurisprudence lui refuse tout droit à des dommages-intérêts : puis intervient un traité de garantie réciproque de la propriété industrielle, conclu entre la France et le pays de ce commerçant victime de l'usurpation ; ou bien encore la législation de son pays vient à protéger les marques françaises, ce qui suffit pour lui assurer la protection de notre loi, aux termes de l'art. 9 de la loi de 1873. Ce fabricant étranger pourra-t-il désormais exercer des poursuites à raison de l'usurpation dont il est victime ?

Sans aucun doute, les faits antérieurs ne sont pas punissables, car le traité ou la loi étrangère ne peuvent avoir un effet rétroactif ; mais l'usurpateur pourra-t-il sans risques continuer à commettre les faits d'usurpation ?

Suivant la doctrine de la Cour de cassation, les

poursuites ne sont pas possibles même pour les faits postérieurs au traité ou à la loi. Ce serait leur accorder un effet rétroactif que d'enlever au commerçant français le droit de se servir de ces marques : elles étaient dans le domaine public en France ; tout le monde pouvait s'en emparer[1].

Cette opinion est très critiquable ; l'usurpation ne devrait pas être une source de droit pour l'usurpateur. Si la loi française refuse toute protection aux marques étrangères à défaut de protection réciproque, c'est pour amener les étrangers à protéger nos nationaux, mais ce n'est pas à dire qu'elle trouve ces faits d'usurpation légitimes ; de plus on ne peut prétendre que ce commerçant a consenti à laisser tomber sa marque dans le domaine public puisque son inaction était forcée.

Les faits d'usurpation postérieurs au traité devraient donc être réprimés, mais la jurisprudence est formelle en sens contraire[2].

Les conventions de garantie réciproque de la propriété industrielle, conclues entre la France et les autres pays sont assez nombreuses : la clause importante, celle qui se retrouve dans presque toutes est la suivante : « Les ressortissants des deux parties contractantes jouiront : dans les États de l'autre, de la même protection et seront assujettis aux mêmes obligations que les nationaux, pour tout ce qui concerne la propriété des marques de fabrique et de commerce et des noms commerciaux. »

1. Cassat., 4 février 1865. Pataille, 65, 81.

2. M. Lyon-Caen, *Cours de législat. industrielle.*

C'est le texte de l'art. 10 de la convention du 28 février 1882, concernant les relations commerciales et maritimes entre la France et la Grande-Bretagne.

La même formule, ou une formule analogue, se retrouve dans l'art. 2 de « la convention de commerce conclue le 7 novembre 1881, entre la France et l'Autriche-Hongrie » : — dans l'art. 7 du « traité de commerce et de navigation conclu le 6 février 1882 entre la France et l'Espagne » ; — dans l'art. 7 du « traité de commerce et de navigation conclu le 19 décembre 1881 entre la France et le Portugal.

Nous rencontrons encore les mêmes expressions dans l'art. 1er du traité de commerce conclu le 30 décembre 1881, entre la France et les Royaumes-Unis de Suède et de Norwège : l'art. 14 de ce même traité indique de plus que le caractère d'une marque de fabrique française doit être apprécié d'après la loi française, de même que celui d'une marque suédoise ou norwégienne doit être jugé d'après la loi de Suède ou de Norwège.

Les articles 14 et 15 de la convention du 31 octobre 1881, entre la France et la Belgique, contiennent les mêmes dispositions que celles des articles 1 et 14 de ce traité franco-suédois.

Ne pouvant analyser toutes ces conventions, ce qui du reste offrirait peu d'intérêt, leurs dispositions ne différant pas sensiblement les unes des autres, nous bornerions là cette énumération si nous ne tenions à nous occuper de trois de ces traités qui, à des titres divers, méritent quelque attention.

Nos rapports avec l'Allemagne en cette matière sont

aujourd'hui réglés par une convention conclue entre la France et le Zollverein le 9 mai 1865, remise en vigueur par une convention signée à Francfort le 11 décembre 1871, laquelle a été elle-même confirmée par la déclaration du 11 octobre 1873.

La convention du 9 mai 1865 contient un art. 28 ainsi conçu : « En ce qui concerne les marques ou étiquettes de leurs marchandises ou de leur emballage, les dessins ou marques de fabrique et de commerce, les sujets de chacun des États contractants jouiront respectivement dans l'autre de la même protection que les nationaux. »

Cette disposition n'offre rien de particulier et est conforme à celles que nous avons déjà citées, mais le même art. 28 contient un second paragraphe assez singulièrement rédigé et qui a fait difficulté ; voici ce paragraphe : « Il n'y aura lieu à aucune poursuite à raison de l'emploi dans l'un des deux pays des marques de fabrique et de commerce, lorsque la création de ces marques, dans le pays de provenance des produits, remontera à une époque antérieure à l'appropriation de ces marques par dépôt ou autrement dans le pays d'importation. »

Dans la séance du Corps législatif du 19 juin 1865 M. Pouyer-Quertier demanda au gouvernement l'explication de ce paragraphe qui lui semblait obscur et inquiétant.

Des explications fournies par MM. de Forcade de la Roquette et Rouher, il résulte que cette disposition a été introduite dans le traité sur la demande formelle des Allemands.

Ils avaient manifesté la crainte que l'usurpateur

français se prévalant du fait du dépôt en France de la marque usurpée n'élevât la prétention d'interdire le territoire français aux produits des fabricants allemands, propriétaires originaires de la marque.

C'est pour apaiser ces craintes que ce paragraphe fut inséré au traité, et c'est ainsi qu'il est interprété dans le rapport présenté aux Chambres prussiennes. On y voit que cette clause assure aux fabricants allemands en France l'usage des marques allemandes que des manufacturiers français se seraient appropriées en vue de donner à leurs produits l'apparence de produits allemands. Dans ce cas, le manufacturier français ne pourra se prévaloir du dépôt qu'il aurait fait en France d'une marque allemande [1].

La Convention pour la garantie réciproque des marques de fabrique et de commerce conclue entre la France et la Suisse le 23 février 1882, contient dans son art. 1er la même disposition que nous avons rencontrée dans les traités déjà cités : cet article dispose que les citoyens de chacun des deux États contractants jouiront réciproquement de la même protection que les nationaux pour tout ce qui concerne la propriété des marques.

Depuis que, par une loi du 19 décembre 1879, les marques sont protégées en Suisse, une telle convention se comprend : mais ce traité remplace celui de 1864 qui assurait en Suisse la protection des marques de nos nationaux alors que les marques des Suisses, faute de loi sur la matière, n'y joussaient d'aucune protection.

Cette convention de 1864 eut donc à entrer dans de

1. *Officiel* du 20 juin 1865.

nombreux détails ne pouvant se référer à la loi suisse, et elle créa cette situation bizarre, qui accordait à des étrangers un traitement préférable à celui des nationaux. Cet état de choses dura quinze ans et ne prit fin qu'en 1879.

Ce qui explique que le gouvernement suisse ait consenti à cette convention de 1864, c'est qu'elle était accessoire à un traité de commerce dont la Suisse avait besoin, et que la protection des marques françaises lui fut imposée comme condition du traité.

Les rapports entre la France et les États-Unis sont établis en cette matière des marques par une convention du 16 avril 1869 : à la suite de cette convention, deux lois, l'une du 18 juillet 1870, l'autre du 14 août 1876, réglementèrent aux États-Unis le droit de propriété des marques de fabrique.

Les choses étaient en cet état lorsque le 18 novembre 1879, la Cour suprême des États-Unis déclara par trois arrêts ces deux lois inapplicables comme étant inconstitutionnelles [1].

Cette décision causa la plus vive émotion dans le monde commercial ; on se demanda si nos marques allaient être dénuées de toute protection, si le traité de 1869 perdait toute valeur ?

Il n'en est pas ainsi, et les auteurs les plus compétents enseignent que ces arrêts de la Cour suprême n'empêchent pas le traité du 16 avril 1869 de subsister.

1. Sur ces arrêts, voir les observations de M. Babinet, conseiller à la Cour de cassation et celles de M. Renault, professeur à la faculté de Droit. *Bulletin de la Société de législation comparée*, 1880, p. 110.

Le traité de 1869 est antérieur à la loi américaine qui ne date que de 1870 ; cette loi n'a pas été promise lors de la confection du traité. On ne peut donc pas dire que la France, en contractant cette convention, a eu en vue un état de choses dont la suppression empêche le traité de recevoir l'exécution qu'on en pouvait attendre.

Les deux nations se retrouvent dans la même situation qu'au moment du traité de 1869.

Si les arrêts de 1879 avaient eu pour résultat de priver de toute protection les marques françaises aux États-Unis, il faudrait reconnaître que la convention est résolue et que les marques américaines ne sont plus protégées en France.

Mais telle n'est pas la situation : les nationaux ont toujours joui aux États-Unis de la protection de leurs marques ; selon d'anciennes coutumes une action en dommages-intérêts était admise contre les usurpateurs des marques, même étrangères : c'est pour assurer cette protection à nos nationaux que le traité a été fait.

A la suite des arrêts de 1879, les marques françaises furent pendant un certain temps protégées en vertu de la coutume combinée avec la convention de 1869.

Cependant, malgré l'existence de cette protection des inconvénients pratiques assez graves résultaient de cette absence de loi fédérale : c'est pour mettre un terme à cette situation que fut faite la loi du 3 mars 1881 [1].

1. Sur cette question. — Voir en ce sens : M. Clunet, M. Pouillet et M. Lyon-Caen. *Journal de droit international privé,* 1879, p. 442 et suiv.

En terminant cette matière des conventions de garantie réciproque de la propriété industrielle, nous devons indiquer une question qu'elles ont fait naître : on s'est demandé si, pour être valables, ces conventions devaient être soumises aux Chambres ?

L'art. 8 de la loi constitutionnelle du 16 juillet 1875 dispose que les traités relatifs au droit de propriété des Français à l'étranger ne sont définitifs qu'après avoir été votés par les deux chambres.

Si ces conventions doivent être soumises au parlement, il en est plusieurs qui devront être regardées comme nulles.

La difficulté s'est présentée à propos d'une convention avec l'Espagne du 30 juin 1876 et d'une convention avec le Brésil du 12 août 1876.

Cette question a été fort discutée et M. le sénateur Bozérian décide, dans une consultation, que ces conventions n'ont pas à être soumises aux Chambres.

Le savant auteur fait remarquer que ce ne sont pas là des traités mais des conventions, et que l'art. 8 de la loi constitutionnelle ne parle que des traités : il ajoute que la propriété industrielle n'est qu'un genre de propriété et que quand on emploie ce mot « propriété » comme le fait l'art. 8 de la loi du 16 juillet 1873, il signifie la propriété de droit commun et ne s'applique pas à ces droits spéciaux qu'on a appelés plus tard la propriété industrielle.

Ce système, croyons-nous, ne peut être admis et MM. Pouillet et Renault l'ont victorieusement réfuté.

Dire qu'une convention n'est pas un traité, c'est

faire une querelle de mots : toute convention internationale est un traité au sens juridique du mot. Reconnaître que la propriété industrielle est un genre de propriété, c'est trancher la question. Quand on emploie, comme le législateur l'a fait dans l'art. 8 pour la propriété, un mot sans restriction aucune, c'est qu'on veut lui donner son sens le plus étendu.

Aujourd'hui, du reste, on parle communément de la propriété industrielle ; la création d'une marque crée, cela est incontestable, un droit de propriété.

Le titre Ier de la loi du 22 juin 1857 est intitulé : *Du droit de propriété des marques ;* la convention franco-espagnole, dont la validité est en question, était conclue pour assurer la garantie réciproque de la propriété des marques de fabrique et de commerce.

Enfin M. de Maillard de Marafy, conseil de l'Union des fabricants, pour qui M. Bozérian fit sa consultation, ne disait-il pas lui-même au Congrès de la propriété industrielle. « La question de savoir si un signe distinctif indiquant l'origine du produit peut constituer une propriété, n'est plus mise en doute depuis longtemps : il serait donc aujourd'hui sans objet de rappeler les arguments qui, à diverses époques, ont été donnés pour ou contre. »

Il faut donc reconnaître qu'aux termes de l'art. 8 de la loi constitutionnelle du 16 juillet 1875, ces conventions doivent être soumises au parlement et que si cela n'a pas été fait, elles sont nulles [1].

1. M. Lyon-Caen, *Cours de législation industrielle*. — M. Renault, *le Droit*, 26 mai 1880. — M. Pouillet, Journal *la Propriété industrielle*, 15 avril 1880. — M. Clunet, Du défaut de validité de quelques conventions, *Journal de Droit internat. privé*, 1880, p. 5.

Les conséquences de ce système ne doivent cependant pas être exagérées et M. Renault, qui enseigne que toute convention sur la propriété industrielle n'est, en principe, valable que si les Chambres l'ont approuvée, ajoute qu'une observation est nécessaire pour les marques de fabrique.

Si on était encore sous l'empire de la loi du 23 juin 1857, il n'y aurait pas de distinction à faire à cause de l'art. 6 de cette loi, les conventions diplomatiques étaient alors nécessaires pour assurer aux étrangers la protection de leurs marques en France ; ces conventions, pour être valables, doivent être soumise aux Chambres.

Mais un changement dans cette législation a été introduit par l'art. 9 de la loi du 26 novembre 1873 ; il suffit aujourd'hui que les Français soient protégés dans un pays pour que les habitants de ce pays aient droit à la protection en France : le traité maintenant n'établit plus toujours la protection, le plus souvent il n'est que la constatation d'un état de fait.

Dans ces conditions le plus souvent la nullité du traité n'empêchera pas la protection de subsister.

Prenons pour exemple la convention franco-espagnole, dont la validité fut contestée ; même en admettant qu'elle soit nulle, les étrangers pouvant en Espagne en vertu de la loi nationale invoquer la protection de leurs marques [1], l'Espagnol réciproquement pourra invoquer la protection de la loi en France aux termes de l'art. 9 de la loi du 26 novembre 1873.

Un raisonnement analogue peut être fait à propos du traité franco-brésilien du 12 août 1876.

1. Fliniaux, p. 247.

Pour protéger les marques des étrangers, la loi brésilienne exige la réciprocité diplomatique [1] : même en tenant la convention pour nulle, les Brésiliens ne peuvent-ils pas réclamer en France la protection de leurs marques puisque les Français sont maintenant protégés au Brésil et que c'est la seule condition exigée par la loi de 1873.

Le gouvernement brésilien s'est, en effet, engagé à protéger les marques françaises : le gouvernement français n'a fait que prendre acte de cet engagement ; il n'avait pas besoin d'accorder un droit aux Brésiliens puisque ce droit résultait pour eux de la concession faite aux Français par le gouvernement de leur pays.

« En d'autres termes, dit M. Renault en terminant l'article auquel nous avons emprunté les idées qui précèdent, depuis 1873, nous faisons résulter le droit des étrangers à la protection de leurs marques, non d'une concession qui leur serait faite par le gouvernement français, mais d'une concession faite aux Français par le gouvernement étranger. Dès que cette concession existe, il n'y a pas à s'inquiéter de ce qu'a fait notre gouvernement : il ne peut par son intervention compromettre les droits de qui que ce soit puisqu'en réalité il se borne à constater une situation de fait [2]. »

En résumé, comme M. Pouillet et comme M. Clunet, M. Renault admet que les conventions sur la propriété industrielle doivent aujourd'hui pour être valables être soumises aux Chambres : si néanmoins le savant professeur estime que pour les marques de

1. Fliniaux, p. 402.
2. M. Renault, *Le Droit*, 26 mai 1880.

fabrique, les Espagnols et les Brésiliens peuvent invoquer la protection de notre loi, c'est que la loi du 26 novembre 1873 a fait sortir, en ce qui nous concerne, cette matière du domaine des conventions. La réciprocité légale suffit et peu importe la façon dont elle est constatée.

Il faut cependant faire observer qu'il peut se rencontrer des cas où les difficultés résultant du défaut de validité de la convention ne pourraient être ainsi évitées et où la nullité de la convention priverait l'étranger de toute protection.

Sur cette matière de la protection à accorder aux marques étrangères, les législations des différents pays ont adopté des systèmes divers.

Les unes réalisant le vœu du Congrès de la propriété industrielle, mettant en pratique l'art. 1er, § 3 du projet de loi français de 1879, protègent la marque des étrangers comme celles des nationaux ; d'autres, au contraire, n'accordent cette protection que sous la condition de réciprocité, mais tandis que certains pays se contentent de la réciprocité légale, il en est qui exigent la réciprocité diplomatique.

En Angleterre la loi du 7 août 1862 accorde la protection aux marques de tous, sans condition de réciprocité. Le mot « personne », nous dit la loi, comprendra toute personne, sujet anglais ou non, et toute corporation ou corps de même nature, qu'il soit constitué conformément à la loi de ce pays ou de toutes colonies et possessions de Sa Majesté ou conformément à la loi de tout pays étranger ; aussi toute compagnie, association ou société de personnes, que ces personnes soient ou non sujets anglais, que ces associations soient établies et exploitent en Angleterre où à l'étranger[1].

Au Canada, d'après la loi du 15 mai 1879 comme d'après la législation antérieure, les étrangers peuvent faire enregistrer leurs marques et jouissent alors dans ce pays de la même protection que les nationaux.

Comme les deux lois précédentes, la loi des Pays-Bas du 25 mai 1880 efface toute distinction entre les nationaux et les étrangers, en admettant ces derniers au bénéfice de ses dispositions même sans condition de réciprocité.

Mais toutes le nations ne se sont pas montrées aussi généreuses.

Aux États-Unis, l'art. 1er de la loi du 3 mai 1881 relative à l'enregistrement des marques de fabrique et de commerce, établit la protection pour les marques de ceux qui résident aux États-Unis ou dans un pays dans lequel, en vertu d'une convention ou d'une loi, des droits semblables appartiennent aux citoyens des États-Unis.

Il convient d'ajouter que cette loi ne s'applique qu'aux marques emblématiques ; l'art. 3 décidant que la marque ne doit pas être enregistrée si elle consiste uniquement dans le nom du requérant.

La loi suisse du 19 décembre 1879 n'accorde, elle aussi, sa protection aux marques des étrangers que sous condition de réciprocité ; mais cette réciprocité n'a pas à être constatée par une convention diplomatique aux termes de l'art. 7, peuvent faire enregistrer leurs marques les commerçants et industriels établis en Suisse ; de même ceux qui sont établis à l'étranger

1. Pataille, 64, 68.

dans les États qui accordent aux Suisses la réciprocité de traitement pourvu que les industriels et commerçants fournissent en outre la preuve que leurs marques ou leurs raisons de commerce sont suffisamment protégées au lieu de leur établissement.

Le bénéfice de la loi, dit l'art. 19 de la loi danoise du 2 juillet 1880, peut être étendu par ordonnance royale aux négociants qui ont le siège de leur établissement à l'étranger, sous condition de réciprocité, et aussi aux conditions suivantes : 1° le déclarant indiquera un fondé de pouvoir domicilié en Danemark; 2° il justifiera de l'accomplissement des formalités prescrites dans le pays où il réside pour la protection de sa marque ; 3° il ne jouira du droit accordé par la loi que dans la mesure et pour le délai où la loi de son pays la lui assure.

En Allemagne aussi, la condition de réciprocité est exigée ; la loi du 30 novembre 1874, art. 20, dispose que la loi s'appliquera, sous les conditions suivantes, aux marques, noms et raisons de commerce des producteurs commerçants et industriels n'ayant pas d'établissement en Allemagne, quand, dans les pays où ils sont établis, les marques, noms et raisons de commerce des Allemands jouiront d'une protection constatée par un avis publié au *Bulletin des lois de l'Empire*. — 1° La déclaration de la marque devra être faite au tribunal de Commerce de Leipsig, le déclarant se soumettra à la compétence de ce tribunal ; 2° à la déclaration sera jointe la preuve que le déclarant est protégé dans son pays ; 3° il n'aura pas plus de droit en Allemagne que dans son pays.

Sur cet article une remarque est à faire ; la réciprocité, nous dit-il, doit avoir été constatée par un avis publié au *Bulletin des lois de l'Empire:* on ne peut admettre cependant que, s'il existe un traité diplomatique régulièrement contracté et publié, l'omission par le gouvernement allemand de l'avis prescrit par l'art. 20 de la loi puisse être opposé comme fin de non-recevoir absolue à une action d'ailleurs bien fondée.

La législation belge comme la législation française protège le nom commercial et la marque emblématique, mais comme la législation française aussi, elle a établi la protection de ces deux espèces de marques par des dispositions différentes.

C'est l'art. 191 C. pén. belge qui réglemente la protection du nom commercial; aucune disposition ne s'occupe du nom commercial des étrangers et on admet qu'il est protégé en Belgique sans aucune condition de réciprocité [1].

Pour la marque emblématique les Belges ont adopté le même système que celui qui a prévalu dans notre loi du 23 juin 1857 : ne s'occupant que de la nationalité de l'établissement et non pas de celle du commerçant ou de l'indutriel, les commerçants et industriels établis à l'étranger n'ont leurs marques protégées en Belgique que sous la condition de réciprocité diplomatique.

Lors de la discussion de la loi, on avait émis l'idée de protéger les marques des étrangers et des Belges exploitant leur commerce ou leur industrie hors de Belgique sans aucune condition de réciprocité; mais cette doctrine ne fut pas adoptée.

1. M. Lyon-Caen. — *Annuaire de législat. étrangère,* 1880, p. 173, note 3.

On proposa aussi de protéger les marques des Belges établis à l'étranger, comme s'ils étaient établis en Belgique : en faveur de cette solution, on fit remarquer que les Belges ne doivent pas souffrir de ce que le gouvernement du pays dans lequel ils sont établis néglige ou refuse de faire avec la Belgique un traité qui consacre la protection internationale réciproque des marques de fabrique et de commerce.

On ajoutait avec une certaine raison que ce ne serait pas ce refus de toute protection, dont souffriraient les Belges établis à l'étranger, qui amènerait le gouvernement de ce pays à faire un traité avec la Belgique.

La discussion sur cette question fut très vive : le gouvernement insista pour le maintien de ces mots « ou les Belges » dans le texte de l'art. 6 et finit par l'emporter.

Cet article 6 de la loi du 1er avril 1879 est ainsi conçu : « Les étrangers qui exploitent en Belgique des établissements d'industrie ou de commerce jouissent, pour les produits de ces établissements, du bénéfice de la loi en remplissant les formalités qu'elle prescrit.

Il en est de même des étrangers ou des Belges qui exploitent hors de Belgique leur industrie ou leur commerce, quand, dans les pays où leurs établissements sont situés, des conventions internationales ont stipulé la réciprocité pour les marques des Belges[1].

1. Loi Belge du 1er avril 1879. *Ann. de législat. étrang.* 1880, p. 467. notes de M. Lyon-Caen.

POSITIONS

DROIT ROMAIN

I

L'adoption du conjoint d'un enfant non émancipé entraîne la dissolution du mariage et non la nullité de l'adoption.

II

Les créanciers de l'adrogé antérieurs à l'adrogation peuvent, comme les créanciers postérieurs, intenter l'action *de peculio* contre l'adrogeant.

III

La loi 12 au Dig. *De adopt.* n'est pas en contradiction avec la loi 37, § 1, *eod. tit.*

IV

L'adoption était une cause de *capitis deminutio minima.*

V

La fidéjussion contractée *in duriorem causam* était nulle et non pas réductible.

VI

Lorsqu'un fidéjusseur mineur de 25 ans s'est fait restituer *in integrum*, son cofidéjusseur majeur ne pouvait opposer au créancier l'exception de division dans le cas du moins où la fidéjussion du mineur était postérieure à la sienne.

DROIT CIVIL

I

Le nom commercial ne peut être cédé isolément.

II

Les membres de la famille du vendeur peuvent s'opposer à ce que le successeur fasse un usage indéfini du nom de son prédécesseur.

III

Lorsqu'un inventeur a donné son nom à un produit breveté, à l'expiration du brevet, ce nom ne tombe pas dans le domaine public, à moins qu'il ne soit devenu la dénomination usuelle et comme nécessaire du produit.

IV

La subrogation légale, au profit du tiers détenteur, d'un immeuble grevé d'hypothèque du chef du débiteur principal, ne l'autorise pas à poursuivre la caution.

V

La saisie-arrêt frappe d'indisponibilité la créance tout entière.

VI

Les créanciers de celui au profit duquel une prescription s'est accomplie, sont autorisés non seulement à l'opposer du chef de ce dernier, mais encore à faire rétracter sa renonciation sans être tenus de prouver qu'elle a été dictée par une intention de fraude, et à la seule condition d'établir qu'elle leur a porté préjudice, en aggravant ou en déterminant l'insolvabilité de leur débiteur à une époque postérieure à celle de leurs créances.

DROIT COMMERCIAL

I

La loi du 28 juillet 1824 ne protège pas le nom commercial apposé sur des produits naturels.

II

La loi du 28 juillet 1824 protège non seulement le nom du fabricant, mais encore le nom du commerçant.

III

La loi du 28 juillet 1824 ne s'applique pas à l'usurpation du nom d'un auteur ou d'un artiste.

IV

Les tribunaux de commerce sont compétents quant à la réparation privée demandée séparément de l'action publique, en matière de nom commercial.

V

La saisie-description établie par les lois du 5 juillet 1844 et du 23 juin 1857 n'est pas applicable comme moyen de constater le délit d'usurpation de nom commercial.

VI

Les traités de garantie réciproque concernant les marques de fabrique et de commerce doivent être étendus au nom commercial apposé sur des produits.

DROIT PÉNAL

I

L'auteur du délit d'usurpation de nom commercial ne peut alléguer sa bonne foi.

II

Les faits réprimés par le § 2 de l'art. 1er de la loi du 28 juillet 1824 ne constituent pas des faits de complicité véritable.

Les règles générales de la complicité sont applicables en cette matière.

III

La tentative d'usurpation de nom commercial n'est pas réprimée par la loi du 28 juillet 1824.

IV

Malgré le silence de la loi du 28 juillet 1824, l'art. 463 C. pén. est applicable quand il y a délit d'usurpation de nom commercial.

L'admission des circonstances atténuantes ne dispense pas le tribunal de prononcer la confiscation.

DROIT COUTUMIER

I

La saisine tire son origine, non du droit romain ni du droit germanique, mais du droit féodal.

II

D'après la coutume de Paris, la légitime était une part de l'hérédité.

DROIT INTERNATIONAL

I

Les conventions internationales de garantie réciproque de la propriété industrielle doivent être soumises aux Chambres.

II

L'attentat contre la personne d'un chef d'État doit être considéré en matière d'extradition comme un crime de droit commun et non comme un crime politique.

III

Un État peut et doit, en principe, accorder l'extradition de ses nationaux, à raison de faits dont ils se sont rendus coupables à l'étranger.

Vu par le Doyen, *Le Président,*
Ch. BEUDANT. ALBERT DESJARDINS.

Vu et permis d'imprimer :
Le Vice-Recteur de l'Académie de Paris,
GRÉARD.

TABLE DES MATIÈRES

DROIT ROMAIN

DES EFFETS DE L'ADOPTION ET DE L'ADROGATION

DROIT FRANÇAIS

NOM COMMERCIAL

CHATEAUROUX. — TYP. ET STÉRÉOTYP. A. MAJESTÉ

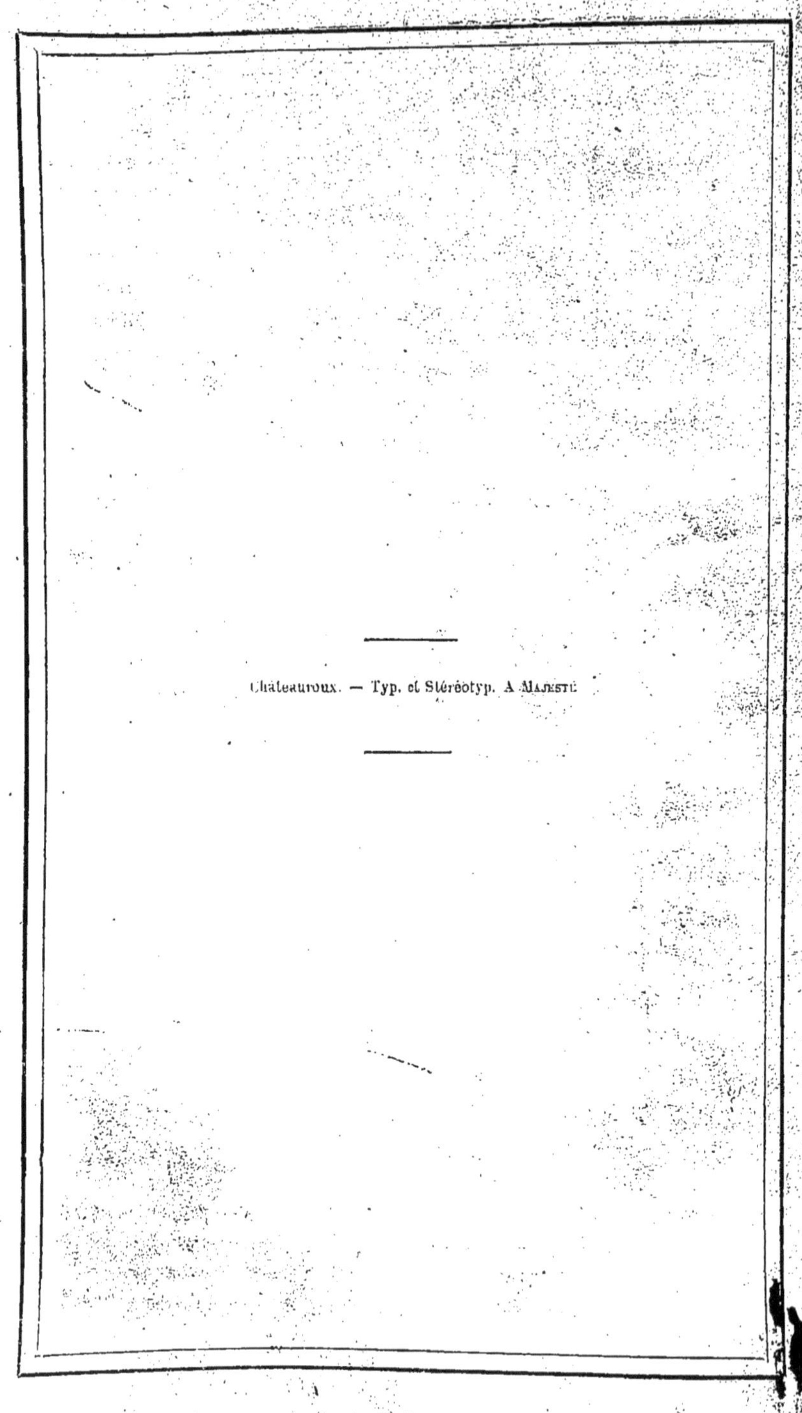

Châteauroux. — Typ. et Stéréotyp. A. Majesté

www.ingramcontent.com/pod-product-compliance
Ingram Content Group UK Ltd.
Pitfield, Milton Keynes, MK11 3LW, UK
UKHW021046220726
13924UKWH00005B/2041

9 782019 245993